7 FINANCIJSKIH TAJNI KOJE ĆE VAM PROMIJENITI ŽIVOT

Prestanite raditi za novac – neka novac radi za vas!

Praktični vodič za zaštitu novca i pametno ulaganje – iz pera stručnjaka s 20 godina iskustva i više od 10.000 zadovoljnih klijenata

Sadržaj

Uvod u financijsku neovisnost

Financijska neovisnost nije samo san ili privilegija odabranih; ostvariv je to cilj svima onima koji su spremni posvetiti se razumijevanju i primjeni osnovnih financijskih principa. Stoga je u svijetu u kojem izgleda kao da novac upravlja svim aspektima našega života; ključno naučiti preuzeti kontrolu nad vlastitim financijama umjesto toga da sebe dovedemo u situaciju da one upravljaju nama. Jedan od prvih koraka je, stoga razumjeti na koji način novac funkcionira i kako ga možemo učiniti svojim saveznikom, a ne neprijateljem.

Složene su **kamate,** primjerice, jedan od temeljnih koncepta koji igra ključnu ulogu u izgradnji dugoročnog financijskog blagostanja koji vodi financijskog slobodi pa time i financijskoj neovisnosti. Složene kamate donose značajnu dobit ukoliko se novac adekvatno investira u one financijske resurse koji nude najbolje uvjete za njihovu realizaciju, o čemu će biti riječi u nastavku ove knjige.

Kao što je i sam **Einstein rekao: *Složena kamata je 8. svjetsko čudo. Tko ju razumije, zarađuje na njoj; tko ju ne razumije, plaća ju,*** stoga je vrijedno posvetiti se potanje ovome financijskom fenomenu koji, nažalost, često biva neiskorišten od strane „maloga“ čovjeka. Spomenut ćemo i formulu za složene kamate koja glasi: **$A=P(1+r/n)^{n}t$** pri čemu: A predstavlja konačni iznos, P početni kapital, r godišnju kamatnu stopu, n zbroj godišnje uplaćenih kamata, dok t predstavlja broj godina. Navedena nam formula omogućuje uvidjeti kako se naše financije mogu eksponencijalno povećavati tijekom vremena, stoga ćemo joj se često vraćati.

Razumijevanje ovog koncepta i njegova primjena u praksi može predstavljati razliku između financijske neovisnosti i stalne borbe s novčanim problemima.

Stoga će veliki dio pažnje u ovoj knjizi biti usmjerena na investiranje. Bit će govora i o dugovima i zaduživanjima (te kako ih se efikasno riješiti).

Dug može biti dobar jedino i ukoliko, dugoročno gledano, donosi dobit. Stoga je isto tako važno, na putu financijskog opismenjivanja, razumjeti razliku između **"dobrog" i "lošeg" duga**. Loš dug smanjuje vašu financijsku stabilnost i često dolazi s visokom kamatnom stopom, dobar dug može poslužiti kao alat za investiranje u vašu budućnost jer vam omogućuje pristupiti resursima koji vam inače ne bi bili dostupni. Primjerice, kredit za kupnju nekretnine (čija će vrijednost vremenom rasti), smatra se "dobrim" dugom; pod uvjetom da je kamatna stopa povoljna i da ste sigurni u svoju sposobnost otplaćivanja.

Jedan od najvećih izazova s kojima se pojedinci suočavaju na putu prema ostvarenju financijske neovisnosti jest izazov **stvaranja i održavanja proračuna**. Proračun nije samo alat za ograničavanje potrošnje; on je i alat uz pomoć kojeg možemo osvijestiti i rasvijetliti činjenicu o tome gdje naš novac odlazi. Proračun je ujedno i orijentir koji nam pomaže pri donošenju odluka o tome kako najbolje iskoristiti vlastiti kapital. Kreiranje proračuna, koji uključuje: štednju, investiranje i svakodnevne troškove, pomaže vam postaviti temelje koji vode prema ostvarenju dugoročnog financijskog zdravlja.

Prvi korak u postizanju financijske neovisnosti je onaj koji vodi k uspostavljanju **proračuna** jer on odražava sve vaše financijske ciljeve i prioritete. Spomenuto zahtijeva detaljnu analizu vaših prihoda i rashoda te identifikaciju područja u kojima možete smanjiti troškove, a da pri tom ne žrtvujete kvalitetu života. Na primjer, uvidom u mjesečne pretplate možda možete otkriti da plaćate usluge koje rijetko koristite i koje možete otkazati. Također, uspoređivanjem cijena i traženjem povoljnijih ponuda za redovite troškove; poput onih režijskih ili usluga za mobilne uređaje, možete ostvariti značajne uštede čime ćete ušteđeni novac kvalitetnije moći iskoristiti ili preusmjeriti u investicije.

Investiranje je još jedna, ali **ključna,** sastavnica na putu prema financijskoj neovisnosti. Početak može biti skroman, započnite malim iznosima, koje je najbolje rasporediti u **diversificirane investicije. Naziv diversifikacija potječe od latinske riječi *diversificare* – činiti različitim. Diversifikacija se, stoga, odnosi na proširenje gospodarske djelatnosti na veći broj proizvoda ili usluga čime se osigurava bolje korištenje proizvodnih mogućnosti i inputa, stabilnije privređivanje čime se smanjuju rizici.**

Diversifikacija ulaganja stoga može biti usmjerena u dionice, obveznice, fondove i *ETF*-ove. Diversifikacija isto tako smanjuje rizik i povećava potencijal za stabilan rast vašeg kapitala. Važno je pristupiti investiranju iz dugoročne perspektive - pozicije iz koje se izbjegavaju impulzivne odluke temeljene na kratkoročnim fluktuacijama tržišta.

Automatizacija štednje i investiranja mogu znatno olakšati postizanje financijskih ciljeva. Postavljanjem automatskih transfera na štedne račune ili investicijske fondove osiguravate sebi redovitu štednju te investirate bez potrebe za svakodnevnim odlukama; što vam omogućuje iskoristiti prednost složenih kamata, čime se vaš kapital može eksponencijalno povećavati tijekom vremena.

Konačno, **financijska edukacija** je neprocjenjiva. Razumijevanje financijskih principa, tržišnih mehanizama i ekonomskih pokazatelja omogućuje vam donijeti pametne odluke koje će utjecati na vašu financijsku budućnost. Izdvajanje vremena za čitanje knjiga, praćenje financijskih vijesti te sudjelovanje na edukativnim seminarima mogu vam pružiti potrebno znanje za navigaciju složenim svijetom financija.

Svaki korak koji poduzmete u smjeru razumijevanja i primjene ovih principa približava vas cilju financijske neovisnosti. Važno je upamtiti da je svaki pojedinac jedinstven, stoga je ključno prilagoditi ove strategije vlastitim financijskim okolnostima i ciljevima. Vremenom, strpljenjem i dosljednošću financijska neovisnost postaje ne samo moguća, već i ostvariva.

Razumijevanje osnovnih financijskih principa

U kontekstu financijske neovisnosti **osobno financijsko blagostanje** nije samo rezultat velikih prihoda, rezultat je to i pametnog upravljanja onime što već posjedujemo.

Budžetiranje i **štednja** su temelj, ali pravo umnožavanje financijske dobiti, koja vodi prema ostvarenju financijskog blagostanja, dolazi **investiranjem**. Razumijevanje različitih vrsta investicija, te kako one funkcioniraju, ključni su mehanizmi koji vam omogućuju stvaranje portfelja koji će vremenom rasti pružajući vam pri tom financijsku sigurnost u dugoročnom smislu.

U što sve možemo investirati?

U **dionice**, recimo, koje predstavljaju vlasnički udio u tvrtki i mogu pružiti povrat putem dividende i rasta vrijednosti. Međutim, one također nose rizik jer njihova vrijednost može značajno varirati.
Obveznice su, s druge strane, manje rizične jer predstavljaju dug prema izdavatelju i obično donose fiksni povrat.

Fondovi, pak, omogućuju diversifikaciju ulaganja kupnjom udjela u različitim vrstama imovine, smanjujući time rizik.

ETF-ovi (*Exchange-Traded Funds*) su slični fondovima, ali se trguju na burzi poput dionica, pružajući fleksibilnost i likvidnost.

Ključ za postizanje uspješnog investiranja je **razumijevanje tržišta** i **odabir prave strategije**. Dugoročno ulaganje, s naglaskom na diversifikaciju i redoviti rebalans portfelja, može smanjiti rizik i povećati potencijal za dobit. Također, važno je biti svjestan **troškova ulaganja** koji uključuju i naknade za upravljanje te transakcijske troškove, jer oni mogu značajno utjecati na ukupni povrat.

Postavljanjem automatskih uplata u odabrane fondove ili dionice, investitori mogu iskoristiti prednosti ***dollar-cost averaging*** (DCA) strategije koja smanjuje utjecaj tržišne volatilnosti kupnjom fiksnog iznosa odabrane imovine u redovitim intervalima, stoga je **automatizacija investiranja** korisna strategija za one koji žele ulagati redovito, bez potrebe za stalnim praćenjem tržišta.

Financijska pismenost je temelj za uspješno upravljanje osobnim financijama. Stoga razumijevanje osnovnih ekonomskih koncepata; kao što su inflacija, kamatne stope i tržišni ciklusi, pojedincu omogućuju bolje donošenje odluka i planiranje budućnosti. Edukacija o financijskim instrumentima, poreznim olakšicama i pravnim aspektima ulaganja također može pružiti dodatne prednosti i zaštitu.

Ulaganje u **osobni razvoj** i **kontinuirano učenje** o financijama može povećati vaše šanse za uspjehom. Sudjelovanje na seminarima, čitanje stručne literature i praćenje financijskih vijesti pomoći će vam da ostanete informirani o novim trendovima čime će vam se otvarati mogućnost za nova ulaganja.

Zapamtite, ključ financijske neovisnosti leži, ne samo u zarađivanju novaca, već i u pametnom upravljanju i umnožavanju postojećeg financijskog stanja. Stabilnu financijsku budućnost možete izgraditi postavljanjem jasnih ciljeva, razumijevanjem financijskih principa i primjenom znanja u praksi.

Financijske tajne i njihovo skrivanje

Financijske tajne koje banke i financijske institucije često zadržavaju za sebe temelje se na principima koji mogu transformirati običan pristup novcu u strategiju koja generira financijsko blagostanje. Jedna od ključnih tajni tiče se **efekta složenih kamata** te kako ih maksimalno iskoristiti. Složene se kamate akumuliraju tako da se kamata zarađuje ne samo na glavnici, već i na prethodno zarađenim kamatama. Razumijevanje i primjena formule za složene kamate može rezultirati eksponencijalnim rastom vaše ušteđevine i investicija tijekom vremena.

Druga tajna odnosi se na **diversifikaciju portfelja**. Diversifikacija smanjuje rizik od ulaganja jer se njome kapital usmjerava u različite vrste imovina. Nastavno tome kapital može biti usmjeren u dionice, obveznice, fondove i *ETF*-ove. Pravilna diversifikacija portfelja može smanjiti volatilnost i može povećati potencijal za stabilan povrat. Ključno je razumjeti kako različite imovinske klase reagiraju na tržišne promjene te kako njihova kombinacija može utjecati na ukupnu izvedbu portfelja.

Treća se tajna odnosi na **strategije ulaganja koje se temelje na vremenskom horizontu**. Kratkoročna ulaganja često nose i veći rizik te zahtijevaju aktivnije upravljanje. S druge, pak, strane dugoročna ulaganja; poput onih u indeksne fondove ili dionice s poviješću stabilnog rasta, mogu pružiti sigurniji povrat zahvaljujući efektu složenih kamata i vremenskom horizontu koji omogućuje nadvladavanje tržišnih fluktuacija.

Četvrta tajna odnosi se na **poreznu optimizaciju**. Razumijevanjem principa kako različiti financijski potezi utječu na vašu poreznu obvezu svakako vam može biti od pomoći prilikom maksimiziranja neto povrata. Navedeno uključuje strategije poput: ulaganja u porezno učinkovite fondove, iskorištavanje poreznih olakšica za mirovinsko, štednju i korištenje gubitaka za uravnoteženje kapitalnih dobitaka.

Peta tajna je **automatizacija financijskih procesa**. Postavljanjem automatskih transfera, za štednju i investiranje, sebi osiguravate kontinuirano ostvarenje financijskih ciljeva bez potrebe za svakodnevnim odlukama. Automatizacija također pomaže u izbjegavanju emocionalnih odluka koje mogu negativno utjecati na vaše financijske rezultate.

Šesta tajna tiče se **kontinuiranog obrazovanja i praćenja financijskih tržišta**. Financijski je svijet dinamičan; stoga bolje razumijevanje trenutnih trendova i ekonomskih pokazatelja omogućuje bolju pripremu u donošenju informiranih odluka.

Obrazovanje i praćenje financijskih tržišta uključuje: praćenje financijskih vijesti, čitanje stručne literature i sudjelovanje na edukativnim seminarima.

Sedma i posljednja tajna odnosi se na **izgradnju pasivnih prihoda**. Pasivni prihodi; poput onih od dividendi dionica, najma nekretnina ili prodaje digitalnih proizvoda, mogu pružiti stalni priljev novca koji ne zahtijeva vaše aktivno sudjelovanje.

Kako informacije mijenjaju financijski život

Implementacija ovih informacija u svakodnevni financijski život svakako može potaknuti vašu sposobnost postizanja financijske neovisnosti i stabilnosti. Razumijevanjem i korištenjem efekta složenih kamata uistinu možete transformirati vašu dugoročnu financijsku perspektivu.

Primjerice; ukoliko za početak uložite 10.000 eura s godišnjom kamatnom stopom od 5%, koristeći se formulom za složene kamate, vaš bi se kapital povećao na približnih 26.533 eura u vremenskom periodu od 20 godina; bez dodatnih ulaganja. Ovo ukazuje na moć složenih kamata pri umnožavanju vaše ušteđevine te na moć vremena tijekom investiranja.

Diversifikacija portfelja, kako je već spomenuto, ključan je i moćni koncept koji može značajno utjecati na vašu financijsku dobrobit. Umjesto da stavljate sve svoje financijske resurse u jednu vrstu imovine; širenjem ulaganja na različite klase imovina možete smanjiti rizik i povećati potencijal za financijski povrat. Primjerice; kombinacija dionica, obveznica, fondova i *ETF*-ova može pružiti ravnotežu između rizika i povrata čime se štiti vaš kapital od tržišnih fluktuacija.

Strategije ulaganja temeljene na vremenskom horizontu ključne su za optimizaciju vaših financijskih rezultata. Ako imate dugoročni cilj, poput planiranja mirovine, ulaganja u indeksne fondove; dionice s poviješću stabilnog rasta mogu biti prikladna strategija. Ove vrste ulaganja mogu iskoristiti efekt složenih kamata tijekom vremena, čime se povećava vaša potencijalna dobit.

Porezna optimizacija još je jedan važan aspekt koji može utjecati na vašu neto vrijednost. Razumijevanjem mehanizma kako iskoristiti porezne olakšice te na koji način izbjeći nepotrebne porezne obveze, značajno može povećati financijski uspjeh. Na primjer; ulaganjem u mirovinske fondove koji nude porezne olakšice možete smanjiti ukupnu poreznu obvezu i povećati vašu dugoročnu financijsku sigurnost.

Razumijevanje globalnih ekonomskih trendova, promjena u kamatnim stopama i novim investicijskim prilikama može vam omogućit prilagodbu vlastite financijske strategije čime maksimizirate svoje financije.

Akumulacija pasivnih prihoda, putem dividendi, najma nekretnina ili *online* poslovanja, stvara dodatni priljev novaca koji doprinosi realizaciji vaše financijske neovisnosti.

Bankarske tajne koje ne smijete znati

Banke i financijske institucije imaju svoje poslovne modele koji se temelje na ostvarivanju profita putem različitih financijskih usluga i proizvoda koje nude svojim klijentima. Jedan od glavnih razloga zašto banke ne žele da znate ove financijske tajne je taj što bi povećano financijsko znanje i samostalno upravljanje financijama moglo smanjiti vašu ovisnost o njihovim proizvodima i uslugama, što bi za njih značilo manje prihoda. Na primjer, razumijevanje **efekta složenih kamata** može vas, dakako, potaknuti na samostalno traženje investicijskih mogućnosti i rješenja koja nude veće povrate umjesto toga da držite novac na štednim računima uz niske kamatne stope koje nudi banka.

Diversifikacija portfelja još je jedna tajna koju banke često ne ističu jer preferiraju da investirate samo u one proizvode koje one nude, čak i ako to nije najbolja opcija za vašu financijsku situaciju. Banke često nude vlastite fondove ili investicijske proizvode koji možda ne podliježu dovoljno diversifikaciji, ili su skuplji, u usporedbi s drugim dostupnim opcijama na tržištu.

Strategije ulaganja temeljene na vremenskom horizontu ključne su za optimizaciju povrata. No; banke često promoviraju one proizvode koji najviše koriste njima, a ne nužno i vama kao investitoru. Na primjer, dugoročne obveznice ili certifikati depozita mogu imati veće naknade, ali i kazne za ranu otplatu, a navedeno nije u skladu s vašim financijskim ciljevima.

Porezna optimizacija je područje koje banke često prepuštaju vanjskim savjetnicima; ne nudeći vama aktivno savjetovanje o tome na koji način ulaganja mogu utjecati na vašu poreznu situaciju. Razumijevanjem strategije kako iskoristiti porezne olakšice značajno možete smanjiti porezno opterećenje i povećati neto povrat na ulaganja.

Automatizacija financijskih procesa može smanjiti potrebu za tradicionalnim bankarskim uslugama jer vam omogućuje postaviti automatske transfere i plaćanja koja minimiziraju troškove i maksimiziraju uštede. Banke, često, ne promoviraju ove strategije jer vas preferiraju zadržati samo kao aktivnog korisnika njihovih usluga.

Kontinuirano obrazovanje i praćenje financijskih tržišta ključni su za uspješno upravljanje osobnim financijama, no banke i financijske institucije često nude ograničene informacije koje su usmjerene isključivo na promociju njihovih proizvoda. Samostalnim obrazovanjem i praćenjem tržišta bolje možete razumjeti vlastite opcije i time donijeti one informirane odluke koje su u vašem najboljem interesu i dobru.

Stoga **stvaranjem pasivnih prihoda** putem investicija koje generiraju redovite prihode, poput onih od dividendi ili najam nekretnina primjerice; možete umanjiti potrebu za tradicionalnim uslugama raznih banaka (usluge kredita ili štednog računa). Banke ne promoviraju ovakve strategije jer preferiraju zadržati vaš novac unutar svog sustava čime generiraju prihode putem naknada i kamata.

Razumijevanjem ovih tajni, uz primjenu ovog znanja omogućeno vam je u praksi preuzeti kontrolu nad svojim financijama, umanjiti ovisnost o bankarskim proizvodima i uslugama te optimizirati financijske rezultate.

Kako banke zarađuju na vama

Banke ostvaruju dobit putem različitih bankarskih kanala. Neki su kanali manje očiti korisnicima. Primarni način na koji banke zarađuju jest putem **marže kamatnih stopa**, pri čemu je razlika između kamatnih stopa koje naplaćuju za kredite i onih koje plaćaju na depozite znatna. Na primjer, ako banka plaća 1% kamate na štedne račune, a naplaćuje 6% kamate na kredit, njena će zarada proizaći iz ove razlike od 5%. Takva praksa omogućuje bankama ostvariti profit od sredstava koja su im povjerena.

Drugi značajan izvor prihoda za banke su **naknade za usluge**. Ove naknade uključuju mjesečne naknade za vođenje računa, naknade za prekoračenje, naknade za kasnu otplatu kredita, naknade za međunarodne transakcije i mnoge druge. Korisnici, često, nisu u potpunosti svjesni svih naknada koje mogu nastati prilikom korištenja bankarskih usluga, što može dovesti do neugodnih iznenađenja na mjesečnim izvještajima.

Treći, ključan način, na koji banke zarađuju je **trgovanje na financijskim tržištima**. Banke koriste depozite i vlastita sredstva koja potom ulažu u različite financijske instrumente; u dionice, obveznice i druge vrijednosne papire. Profit ostvaren na ovaj način može biti značajan, ali isto tako postoji i rizik od gubitka.

Upravljanje rizikom još je jedan aspekt kojim banke zarađuju. Primjenom sofisticiranih modela za procjenu rizika, banke mogu odrediti kome odobriti kredit, po kojoj kamatnoj stopi te kako osigurati svoje portfelje od potencijalnih gubitaka. Ova sposobnost efikasnog upravljanja rizikom omogućuje im maksimiziranje vlastitih profita i minimiziranje gubitaka.

Banke također ostvaruju prihode **prodajom dodatnih proizvoda** svojim klijentima. U navedene proizvode spadaju: osiguranja, investicijski fondovi i mirovinski planovi. Ovom praksom ne samo da povećavaju svoje prihode, već i jačaju odnos s klijentima potičući ih na korištenje šireg spektra usluga.

Za kraj, važno je spomenuti ***sekuritizaciju***. Proces je to putem kojeg banke pretvaraju svoje kreditne portfelje u vrijednosne papire koje zatim mogu prodati na tržištu. Navedeno im omogućuje osloboditi kapital koji se može koristiti za dodjelu novih kredita; čime se generira dodatni prihod.

Pojedincima je, razumijevanjem ovih mehanizama, moguće bolje upravljati vlastitim financijama, uz pomoć kojih mogu, isto tako, izbjeći nepotrebne troškove te optimizirati svoje investicijske strategije. Ključno je biti informiran te kritički promišljati o svim financijskim odlukama, posebno kada su u pitanju bankarski proizvodi i usluge.

Zašto je važno biti financijski obrazovan

Financijsko obrazovanje predstavlja temelj pri donošenju informiranih odluka koje mogu značajno utjecati na vašu financijsku budućnost. Razumjeti kako novac funkcionira, kako njime upravljati i kako ga umnožavati ključno je za postizanje financijske neovisnosti i sigurnosti. Bez adekvatnog znanja pojedinci bivaju često izloženi većem riziku od financijskih gubitaka (bilo da je riječ o lošim investicijskim odlukama, nepovoljnim kreditima ili neefikasnom upravljanju osobnim financijama).

Financijska pismenost omogućuje vam kritički procijeniti informacije koje vam banke i druge financijske institucije pružaju. Razumijevanjem postupka izračuna kamatne stope; te kako ona utječe na ukupan iznos koji ćete na kraju vratiti, kvalitetnije možete donositi odluke pri odabiru kredita ili štednje.

Formula za izračun složenih kamata nije samo matematička apstrakcija; ona je praktičan alat koji vam pomaže uvidjeti potencijalni rast vaših investicija, kao i troškove vaših dugova tijekom vremena.

Osim toga, financijsko obrazovanje pomaže u razumijevanju važnosti **diversifikacije portfelja**. Ulaganjem u različite vrste imovine, možete svakako smanjiti rizik i povećati potencijal za povratom. Ovo vam znanje omogućuje izgraditi robusniji financijski plan koji može bolje podnijeti tržišne turbulencije.

Strategije ulaganja temeljene na vremenskom horizontu još su jedan ključan koncept koji financijsko obrazovanje naglašava. Ovisno o vašim ciljevima i vremenskom okviru, različite strategije ulaganja mogu biti prikladne. Primjerice; ukoliko planirate mirovinu za 30 godina tada si, prilikom ulaganja, možete priuštiti veći rizik s potencijalno većim povratom, dok bi bliži ciljevi zahtijevali konzervativniji pristup.

Porezna optimizacija još je jedan segment u kojem znanje može značajno utjecati na vašu neto vrijednost. Razumijevanjem principa na koji način različite investicijske odluke utječu na vašu poreznu obvezu omogućuje vam lakše donijeti one odluke koje maksimiziraju vaš povrat nakon poreza.

Konačno, **kontinuirano obrazovanje i praćenje financijskih tržišta** neophodno je za prilagodbu vaših financijskih strategija promjenjivim tržišnim uvjetima. Financijski je svijet dinamičan; i što ste bolje informirani to ste u boljoj poziciji iskoristiti nove prilike i izbjeći potencijalne rizike.

Uložiti u vlastito financijsko obrazovanje znači uložiti u vlastitu budućnost. Financijsko vam obrazovanje pruža alate i znanja potrebna za izgradnju stabilnosti i prosperiteta omogućujući vam pri tom donošenje informiranih odluka koje podržavaju vaše dugoročne financijske ciljeve. Razumijevanjem i primjenom financijskih principa preuzimate kontrolu nad svojim financijama, smanjujete ovisnost o bankarskim proizvodima i uslugama te optimizirate svoje financijske rezultate.

Moć kamatnog računa

Razumijevanjem **moći složenih kamata** oblikujemo novu perspektivu prema štednji i investiranju. Složene se kamate ne odnose samo na puko pohranjivanje novaca na štednom računu i čekanju na to da se kapital poveća. Radi se tu o strateškom pristupu koji može transformirati vašu financijsku budućnost.

Vratimo se, podrobnije, na primjer investiranja. Investiramo li 10.000 eura s godišnjom kamatnom stopom od 5% koja se kapitalizira godišnje, nakon 20 godina, vaša investicija neće biti samo veća za 10.000 eura (što bi bio slučaj s jednostavnim kamatama), već će iznositi približnih 26.533 eura. Razlika između očekivanog iznosa s jednostavnim kamatama i stvarnog iznosa sa složenim kamatama predstavlja moć složenih kamata u djelovanju.

Strategije za maksimiziranje dobiti od kamatnog računa uključuju redovite doprinose vašem investicijskom računu. Čak i mali mjesečni doprinosi mogu značajno povećati konačni iznos zahvaljujući efektu složenih kamata. Na primjer, ukoliko nadodate još 100 eura mjesečno, na gore navedenu investiciju, tada možete dodatno uvećati dobit na iznos od oko 46.000 eura. Ovo pokazuje kako redoviti doprinosi, čak i u malim iznosima, mogu imati veliki utjecaj na rast vaših financija.

Osim toga; važno je **birati prave financijske proizvode**. Neke štedne račune, certifikate depozita ili investicijske fondove karakteriziraju više kamatne stope ili bolji uvjeti za ostvarenje složenih kamata. Uspoređivanjem različitih opcija; kao i odabir onih opcija koje najbolje odgovaraju vašim financijskim ciljevima unutar odabranog vremenskog okvira, značajno mogu povećati dobit.

Razumijevanje vremenskog horizonta također igra ključnu ulogu. Dugoročne investicije obično pružaju više vremena za kapitalizaciju, po principu efekta složenih kamata, što rezultira većim konačnim iznosom. Stoga, što ranije započnete s investiranjem i što dulje ostavite svoj novac da se akumulira; veći će biti i potencijal za stvaranje financijskog blagostanja.

Važno je napomenuti da **rizik i povrat** idu ruku pod ruku. Dok visokorizične investicije mogu nuditi potencijal za većim povratima, također nose veći rizik od gubitka. Rebalans vašeg portfelja različitim vrstama investicija itekako može pomoći prilikom upravljanja rizikom dok istovremeno iskorištavate moć složenih kamata.

U konačnici, **kontinuirano obrazovanje i praćenje** vaših investicija ključni su za iskorištavanje moći kamatnog računa. Financijski svijet se neprestano mijenja i biti informirani o novim prilikama, trendovima i alatima može vam svakako pomoći prilagoditi strategije i maksimizirati financijske rezultate.

Složene kamate kao ključ u postizanju financijskog blagostanja

U kontekstu složenih kamata ključno je razumjeti kako **vrijeme** i **stopa kamate** utječu na konačni iznos vaše investicije.
Ako se, primjerice, godišnja kamatna stopa uveća, utjecaj na konačni iznos može biti značajan. Uvećanje kamatne stope s 5% na 7%, na isti početni kapital od 10.000 eura i isti period od 20 godina, uz godišnju kapitalizaciju, rezultirat će konačnim iznosom od 38.697 eura, što je znatno više u odnosu na prethodni izračun s nižom kamatnom stopom.

Isto tako, veći broja godina posvećen investiranju može prouzročiti znatan učinak na konačni iznos zbog efekta složenih kamata. Ako se vremenski period investiranja produlji s 20 na 30 godina, uz istu kamatnu stopu od 5% i početni kapital od 10.000 eura, konačni iznos raste na približnih 43.219 eura. Ovaj primjer pokazuje kako dodatnih 10 godina može znatno povećati vašu investiciju, čime se naglašava važnost rane i dugoročne predanosti investiranju.

Da biste maksimalno iskoristili moć složenih kamata **redovito reinvestiranje dobiti** je ključno. Reinvestiranjem dobiti (umjesto da ju trošite), povećavate početni kapital ('*P*') koji služi kao osnova za budući efekt „kamate na kamatu“.

Prilikom štednje ili investiranja ključan je izbor **pravog financijskog proizvoda.** Proizvodi s višim kamatnim stopama ili povoljnijim uvjetima za kapitalizaciju kamata mogu značajno utjecati na brzinu rasta vaših investicija. Stoga je važno istražiti i usporediti različite opcije koje uključuju: štedne račune, obveznice, certifikate depozita i investicijske fondove, kako biste pronašli one koji najbolje odgovaraju vašim financijskim ciljevima i toleranciji na rizik.

Važno je izvršiti **diversifikaciju portfelja** uzevši u obzir **rizik** koji je povezan uz različite vrste investicija. Diversifikacija može pomoći u smanjenju rizika od gubitka kapitala te vam može osigurati stabilniji rast investicija. Uključivanje različitih vrsta imovine (dionice, obveznice i nekretnine) može pružiti ravnotežu između rizika i povrata, što optimizira vaš portfelj za dugoročni rast.

Kako kamatni račun radi za vas

Razumijevanje i korištenje moći kamatnog računa podrazumijeva i strateški pristup koji se temelji na nekoliko ključnih principa. Jedan od tih principa je **ponovno ulaganje dobiti**. Ova strategija podrazumijeva da se kamate zarađene na investiciji ne troše; već reinvestiraju, čime se povećava osnovni kapital i potencijal za stvaranje buduće kamate. Matematički gledano to znači da se formula za složene kamate[1] primjenjuje na veći iznos kapitala, što dovodi do eksponencijalnog rasta vaše investicije.

Drugi važan aspekt je **odabir pravog vremenskog okvira za vaše investicije**. Dugoročne investicije omogućuju kapitalu rast tijekom vremena jer koriste moć složenih kamata na najefikasniji mogući način. Na primjer, razlika u ukupnom iznosu koji se može akumulirati tijekom 20; naspram onoga koji se može akumulirati tijekom 30 godina značajna je, čak i ako se godišnja kamatna stopa i mjesečni doprinosi ne promijene. Ovo pokazuje kako vrijeme može biti jedan od najvažnijih faktora u izgradnji bogatstva ili financijskog blagostanja.

---

1 $\mathbf{A=P(1+r/n)^{nt}}$: *A* predstavlja konačni iznos, *P* početni kapital, *r* godišnju kamatnu stopu, *n* zbroj godišnje uplaćenih kamata, dok *t* predstavlja broj godina.

Treći ključni element je **diversifikacija vašeg portfelja**. Ulaganjem u različite vrste imovine možete smanjiti rizik i povećati potencijal za povratom. Diversifikacija omogućuje negativnim učincima loših investicijskih odluka; ili tržišnim turbulencijama, da se u jednom segmentu vašeg portfelja ublaže pozitivnim rezultatima u drugim segmentima. Ovo je posebno važno kada se u obzir uzme dugoročni vremenski horizont i moć složenih kamata, jer stabilniji portfelj omogućuje kontinuirani rast bez većih prekida.

Četvrti element koji treba razmotriti je **automatizacija doprinosa**. Postavljanjem automatskih transfera; s tekućeg računa na štedni ili investicijski račun, osiguravate da se vaši financijski ciljevi ostvaruju bez potrebe za svakodnevnim odlukama ili mogućeg odgađanja. Ova praksa pomaže u izgradnji discipline štednje i investiranja, što je ključno za korištenje moći složenih kamata.

Peto, ali ništa manje važno, je **praćenje i prilagodba vaših investicija**. Financijska tržišta i vaše osobne financijske okolnosti mogu se mijenjati, stoga je važno redovito pregledavati, i po potrebi, prilagođavati vaš investicijski portfelj. Navedeno uključuje rebalans portfelja kako bi se održala željena razina rizika i povrata; kao i iskorištavanje novih investicijskih prilika koje se mogu pojaviti.

Primjenom ovih principa kamatni račun može postati moćan alat u vašem financijskom „arsenalu“ jer vam vremenom omogućuje maksimiziranje financija. Važno je zapamtiti kako ključ uspjeha leži u dosljednosti i strpljenju. Složene kamate zahtijevaju vrijeme kako bi pokazale svoj puni potencijal. Pravim pristupom i razumijevanjem gore navedenoga možete postaviti temelje za stvaranje financijske neovisnosti i sigurnosti primjenom strategija kojima se transformira cjelokupni način funkcioniranja u kojem vaš novac radi za vas.

Strategije za maksimiziranje dobiti

U kontekstu strategija za maksimiziranje dobiti od kamatnog računa važno je razumjeti kako **fiskalna disciplina** i **strategijsko planiranje** mogu dodatno potaknuti rast vaših investicija. Jedan od načina za postizanje navedenoga je korištenje **godišnjeg rebalansa** vašeg portfelja. Ova metoda uključuje prilagodbu raspodjele imovine u vašem portfelju kako bi se održala originalna željena razina rizika i povrata. Na primjer, ako je vaš cilj imati portfelj s 60% dionica i 40% obveznica, pri čemu dionice vremenom dožive značajan rast, možda ćete tada trebati prodati dio svojih dionica i kupiti više obveznica kako biste se vratili na željenu raspodjelu. Ova praksa može pomoći u smanjenju rizika i osigurati vašem portfelju da ostane usklađen s vašim financijskim ciljevima i tolerancijom na rizik.

Druga ključna strategija je **korištenje poreznih olakšica** prilikom investiranja. U mnogim zemljama određeni financijski proizvodi ili računi nude porezne pogodnosti koje mogu značajno povećati vašu konačnu dobit. Na primjer, ulaganje u mirovinske fondove ili račune s odgođenim oporezivanjem može omogućiti vašim investicijama rast bez trenutnog oporezivanja kamata, dividendi ili kapitalnih dobitaka. Ovo može imati značajan učinak na akumulaciju dobiti tijekom vremena; naročito ako se, uz to, kombinira uz moć složenih kamata.

Razumijevanje i korištenje efekta složenih kamata može znatno povećati vašu dobit. Primjena formule za složene kamate u investicije svakako vam može pomoći u vizualizaciji potencijalnog rasta kapitala tijekom vremena. Ključno je redovito reinvestirati dobivene kamate, što dovodi do eksponencijalnog rasta vaših investicija.

Na kraju, **diversifikacija vašeg investicijskog portfelja** neophodna je za minimiziranje rizika i maksimiziranje povrata. Ulaganjem u različite vrste imovine, kao što su: dionice, obveznice, nekretnine i novčani tržišni fondovi, svakako možete smanjiti utjecaj negativnih tržišnih kretanja na ukupnu vrijednost portfelja. Diversifikacija omogućuje nekim segmentima vašeg portfelja postići dobre rezultate čak i kada drugi segmenti ne uspijevaju, čime se osigurava stabilniji i pouzdaniji rast.

Primjenom ovih strategija možete maksimizirati dobit od vašeg kamatnog računa i postaviti čvrste temelje za financijsku neovisnost i sigurnost. Stoga je važno redovito pregledavati i prilagođavati vaše financijske planove kako biste ostali usklađeni s promjenjivim tržišnim uvjetima i osobnim financijskim ciljevima.

1. Prva tajna: Moć osobnih financija

U kontekstu **prave moći osobnih financija**, ključno je razumjeti kako **pravilno upravljanje dugom** može transformirati vaš financijski život. Dug može biti alat za postizanje financijskih ciljeva ako se koristi mudro. Na primjer, razmotrimo koncept **dobrog duga** nasuprot konceptu **lošeg duga**. Dobar dug je onaj koji stvara vrijednost ili generira prihod u budućnosti; poput kredita za obrazovanje koji povećava vašu potencijalnu zaradu u budućem vremenu. Dobar dug je i hipotekarni kredit koji vam omogućuje kupnju nekretnine čija vrijednost raste tijekom vremena. S druge strane, loš dug, poput dugova na kreditnim karticama za kupnju potrošačkih dobara, može brzo erodirati vaše financije zbog visokih kamatnih stopa.

Strategija za upravljanje dugom trebala bi uključivati **prioritizaciju otplaćivanja dugova** s najvišim kamatnim stopama. Takva se strategija često naziva metodom **lavine**. Ova metoda uključuje minimalno plaćanje svih dugova dok se dodatni novac usmjerava na dug s najvišom kamatnom stopom. Kada se taj dug otplati, fokus se prebacuje na sljedeći najviši dug, i tako redom. Ova strategija smanjuje ukupne kamate uplaćene tijekom vremena i ubrzava put prema financijskoj slobodi.

Druga strategija je strategija **snježne lopte**. Njome se primjenjuje otplata dugova od najmanjeg do najvećeg iznosa; neovisno o kamatnim stopama. Ova metoda može poslužiti kao psihološka motivacija jer omogućuje postizanje željenoga, što može, pak, potaknuti pojedince ostati na putu otplaćivanja dugova.

Za one koji se suočavaju s visokim kamatnim stopama **refinanciranje** ili **konsolidacija dugova** može biti opcija. **Refinanciranje** može omogućiti zamjenu postojećeg duga novim dugom po nižoj kamatnoj stopi; što može smanjiti mjesečne obveze i ukupne troškove kamata. **Konsolidacija** dugova omogućuje spajanje više dugova u jedan, često s nižom kamatnom stopom, što pojednostavnjuje upravljanje dugom.

Važno je, također, razumjeti **ulogu kredita** u vašem financijskom zdravlju. Redovito provjeravanje kreditnog izvještaja i održavanje dobrog kreditnog rejtinga može vam pomoći dobiti povoljnije uvjete kreditiranja. Kreditni rejting utječe na kamatne stope koje plaćate za kredite i hipoteke, što može imati značajan utjecaj na vaše financijsko stanje.

U konačnici, **izgradnja hitnog fonda** ključna je komponenta upravljanja osobnim financijama. Hitni fond pomaže u pokrivanju neočekivanih troškova bez potrebe za zaduživanjem, što vas može zaštititi od spirale duga. Preporučuje se štednja iznosa koji pokriva troškove života za period od tri do šest mjeseci.

Primjenom ovih strategija možete preuzeti kontrolu nad svojim dugom, umjesto toga da dopustite dugu da kontrolira vas. Upravljati dugom ne znači samo otplatiti ono što se duguje; riječ je tu o strateškom korištenju duga kao alata za postizanje financijskih ciljeva kao i alata za izgradnju financijskog blagostanja.

Postavljanje jasnih financijskih ciljeva

Postavljanje jasnih financijskih ciljeva ključno je za uspostavljanje kontrole nad vašim novcem i na usmjeravanje vaših financijskih resursa k ostvarenju vaših želja i potreba. Da biste postavili te ciljeve potrebno je slijediti nekoliko koraka koji će vam pomoći jasno definirati što želite postići svojim novcem.

Prvi korak u postavljanju financijskih ciljeva je **definiranje predodžbe o tome što za vas znači financijski uspjeh**. To može biti osiguranje financijske stabilnosti za vašu obitelj, kupnja doma, osiguranje sredstava za obrazovanje vaše djece ili možda ranije umirovljenje. Jasno definiranje cilja; i što njime želite postići, omogućit će vam usmjeriti svoje financijske resurse na onaj način koji je u skladu s vašim životnim prioritetima.

Nakon što ste definirali što financijski uspjeh znači za vas, sljedeći korak je **postavljanje specifičnih, mjerljivih, ostvarivih, relevantnih i vremenski ograničenih (SMART) ciljeva**. Na primjer, umjesto cilja "želim uštedjeti novac", postavite cilj "želim uštedjeti 50.000 eura za akontaciju za kupnju kuće u sljedeće tri godine". Ovakav pristup omogućuje vam jasno uvidjeti što trebate činiti kako biste ostvarili svoj cilj.

Treći korak uključuje **kreiranje plana za ostvarenje vaših ciljeva**. Navedeno ukazuje na to da trebate razviti strategiju koja uključuje konkretne korake koje trebate poduzeti kako biste postigli željeno. Navedeno može uključiti mjesečnu štednju određenog iznosa novca, smanjenje nepotrebnih troškova ili investiranje u određene financijske proizvode koji će vam pomoći povećati kapital.

Praćenje vašeg napretka prema postavljenim ciljevima također je ključno. Redovito pregledavajte vlastite financije kako biste se osigurali da ste na pravom putu, na putu prema ostvarenju vaših ciljeva. Ukoliko primijetite da zaostajete za željenim ciljevima; razmislite o prilagodbi vašeg plana ili o poduzimanju dodatnih koraka kako biste ubrzali svoj napredak.

Na kraju, **budite fleksibilni**. Vaše financijske okolnosti i ciljevi mogu se promijeniti tijekom vremena. Važno je redovito revidirati i prilagođavati vaše financijske ciljeve i planove da bi oni kao takvi odražavali vaše trenutne potrebe i želje. Prilagodljivost vam omogućuje maksimalnu iskoristivost vlastitih financijskih resursa jer omogućuje vašem novcu da radi za vas na najefikasniji način.

Postavljanjem jasnih financijskih ciljeva i stvaranjem strategije za njihovo ostvarenje omogućujete sebi kontrolu nad vlastitim financijama te usmjeravate svoj novac prema ostvarenju vaših životnih ciljeva i snova.

Praćenje prihoda i rashoda

Praćenje prihoda i rashoda može djelovati kao zahtjevan zadatak, ali uz pravilne alate i metode to može postati jednostavan i automatizirani proces. Ključno je uspostaviti sustav koji vam omogućuje jasno uvidjeti kamo vaš novac odlazi i odakle dolazi. Ovo ne samo da pomaže u postavljanju i ostvarenju financijskih ciljeva, već pomaže i u identificiranju područja u kojima možete smanjiti troškove ili povećati prihode.

Prvi korak u praćenju prihoda i rashoda je **kategorizacija**. Rasporedite svoje financije u različite kategorije: hrana, stanovanje, prijevoz, zabava, osiguranje i štednja/investicije. Navedeno vam omogućuje stvoriti detaljan uvid u to kako rasporediti svoj novac, jer time možete lakše identificirati područja u kojima trebate optimizirati potrošnju.

Drugi korak je odabir alata za praćenje novčanog tijeka. Postoji niz digitalnih alata i aplikacija koje mogu automatizirati ovaj proces. Odredite koliko želite i možete potrošiti u svakoj kategoriji. Ovo će vam pomoći ostati unutar zadanih granica prilikom čega ćete izbjeći nepotrebne troškove.

Četvrti korak je **praćenje i prilagodba**. Financije je potrebno često pregledavati, idealno jednom tjedno, kako biste bili sigurni da ste na pravom putu. Ako primijetite da premašujete budžet u pojedinim kategorijama, razmislite o načinu kako smanjiti troškove ili prilagodite svoj budžet ukoliko je to realno i održivo.

Vrlo učinkovito, za one koji preferiraju tradicionalnije metode, može biti i bilježenje izdataka vođenjem **ručnog proračuna** u bilježnici ili na računalu pomoću Excel tablica. Ključ je u redovitom zapisivanju svih prihoda i rashoda, što može biti korisno i za razumijevanje vlastitih potrošačkih navika.

Peti korak je **analiza**. Na kraju svakog mjeseca analizirajte gdje ste mogli više uštedjeti i koje su kategorije premašile budžet. Ovo je prilika za učenje i prilagodbu vaših financijskih planova i ciljeva.

Šesti korak uključuje **postavljanje dugoročnih financijskih ciljeva**. Na temelju praćenja prihoda i rashoda možete bolje planirati budućnost; bilo da je riječ o štednji za mirovinu, kupnji nekretnine ili o investiranju u obrazovanje.

Korištenjem ovih metoda možete uistinu transformirati način na koji upravljate svojim financijama.

Potrebno je, dakle, postaviti čvrste temelje za financijsku stabilnost i osigurati vašem novcu uvjete kako bi radio za vas na najefikasniji mogući način. Praćenje prihoda i rashoda ne sastoji se samo u praćenju brojki; riječ je tu o stvaranju svijesti o vašim financijskim navikama i preuzimanju kontrole nad vašom financijskom budućnosti.

Štednja kao temelj financijskog blagostanja

Automatizacija štednje, kao što se neprestano ponavlja, ključna je za osiguranje štednje koja se redovito provodi bez potrebe za svakodnevnim odlukama. Ova vam metoda omogućuje stvaranje vlastitog financijskog blagostanja bez potrebe za svjesnim odricanjem ili donošenjem odluka svakoga mjeseca. Imajte to na umu.

Korištenje složenih kamata za povećanje štednje može biti izuzetno moćno. Pogledajmo sljedeće; ako vaš štedni račun nudi godišnju kamatnu stopu od 3%, saldo od 1.000 eura narast će na 1.030 eura nakon prve godine. Ako se kamate dodaju na glavnicu, sljedeće će se godine kamate računati 1.030 eura, što znači da će vaš saldo rasti još i brže. Matematički gledano, to se može izraziti poznatom formulom za složene kamate koja ukazuje na to kako redovita štednja, čak i malih iznosa, može značajno rasti tijekom vremena zahvaljujući efektu složenih kamata.

Za one koji žele maksimizirati svoju štednju, **diversifikacija** je još jedan ključni koncept koji nikako ne treba zapostaviti. Ne stavljajte sve svoje financijske resurse na jedno mjesto. Razmislite o širenju svoje štednje na više računa; štedne račune s višim kamatnim stopama, obveznice, pa čak i investicijske fondove. Diversifikacija može pomoći u smanjenju rizika i može vam omogućiti korištenje različitih financijskih proizvoda koji mogu nuditi bolje povrate.

Već je spomenuto kako je **praćenje vaših financija** vrlo važno; stoga koristite aplikacije za upravljanje financijama ili jednostavne tablice za praćenje vaših prihoda, rashoda i štednje. Navedeno će vam pomoći ostati na pravom putu. Prilagodite svoje financijske planove prema potrebi. Redovito pregledavanje vaših financija omogućuje vam identificirati mogućnosti za dodatnu štednju ili investiranje, stoga budite ažurni i vodite računa o gore spomenutome.

Primjenom ovih strategija osiguravate vašoj štednji rast, a svojim financijama stvarate mogućnost postati snažnijima. Automatizacija štednje, iskorištavanje složenih kamata, diversifikacija, redovito praćenje i jasno postavljanje ciljeva ključni su koraci u izgradnji financijskog blagostanja koji vodi prema financijskoj neovisnosti.

2. Druga tajna: Investiranje nije samo za bogate

- **Započnite malim iznosima**: ne trebate veliki kapital za početak investiranja. Možete započeti s nekoliko stotina eura.

- **Istražite niskotroškovne indeksne fondove**: indeksni fondovi prate određene tržišne indekse i obično imaju niže troškove upravljanja. To ih čini odličnim izborom za početnike.

- **Iskoristite prednosti dionica s dividendama**: dionice koje redovito isplaćuju dividende mogu pružiti stabilan prihod te imaju potencijal za rast kapitala.

- **Razmislite o ulaganju u *ETF*-ove**: *ETF*-ovi (*Exchange Traded Funds*) omogućuju vam diversifikaciju portfelja čak i s malim iznosima.

- **Automatizirajte svoja ulaganja**: postavljanjem automatskog ulaganja određenog iznosa novca svakog mjeseca smanjujete emocionalni utjecaj na odluke o ulaganju i iskorištavate prednost prosječnog troška dolara.

- **Educirajte se o osnovama ulaganja**: razumijevanje osnovnih pojmova kao što su diversifikacija, rizik i povrat; ključno je za uspješno ulaganje.

- **Koristite digitalne platforme za ulaganje**: postoji mnogo aplikacija i *online* platformi koje vam omogućuju jednostavno praćenje i upravljanje ulaganjima.

- **Postavite jasne financijske ciljeve**: odredite što želite postići svojim ulaganjima, bilo da je riječ o stvaranju dodatnog prihoda, o štednji za mirovinu ili nešto treće.

- **Budite strpljivi i dosljedni**: ulaganje je maraton, a ne *sprint*. Dugoročni pristup i dosljednost ključni su za postizanje financijskog uspjeha.

- **Pratite i prilagodite svoj portfelj**: redovito pregledavajte svoja ulaganja i prilagodite ih promjenama na tržištu i vašim financijskim ciljevima.

- **Razumijevanje rizika i povrata**

- Svako ulaganje nosi određeni rizik. Važno je razumjeti kako rizik utječe na potencijalni povrat investicije.

- Rizik se može minimizirati diversifikacijom portfelja, što znači ulaganjem u različite vrste imovine.

- **Postavljanje financijskih ciljeva**

- Jasno definirajte što želite postići svojim ulaganjem. (Stvaranje dodatnog prihoda, osiguranje za mirovinu ili ostvarivanje određenog financijskog cilja...)

- Ciljevi bi trebali biti **SMART** (specifični, mjerljivi, ostvarivi, relevantni, vremenski ograničeni).

- **Izbor prave strategije ulaganja**

- Ovisno o vašim ciljevima, razini tolerancije na rizik i vremenskom okviru odaberite strategiju ulaganja koja vama najbolje odgovara.

- Razmotrite pasivno ulaganje kroz indeksne fondove kao dugoročnu strategiju s nižim troškovima.

- **Praćenje i prilagodba portfelja**

- Redovito pratite performanse svojeg portfelja i prilagodite ulaganja prema promjenama na tržištu i u vašim financijskim ciljevima.

- Ne bojte se povremeno prodati dio imovine koja ne ostvaruje očekivane rezultate te reinvestirati u obećavajuće opcije.

- **Edukacija i kontinuirano učenje**

- Financijsko tržište je dinamično; stalno se mijenja. Kontinuirano učenje i edukacija ključni su za uspješno ulaganje.
- Koristite pouzdane izvore informacija i razmjenjujte iskustva s drugim investitorima.

- **Korištenje tehnologije**
- Iskoristite digitalne platforme i aplikacije za praćenje investicija i tržišnih trendova.
- Mnoge aplikacije nude automatizirani rebalans portfelja i prilagođene savjete za ulaganje.

- **Započnite s malim iznosima**
- Ne morate imati veliki kapital da biste započeli s ulaganjem. Mnoge platforme omogućuju ulaganje malih iznosa.
- Kako stječete više znanja i samopouzdanja postupno povećavajte svoja ulaganja

- **Izbjegavanje emocionalnih odluka**
- Ulaganje zahtijeva disciplinu i strpljenje. Izbjegavajte donošenje odluka na temelju trenutnih emocija ili tržišnih fluktuacija.

- Fokusirajte se na dugoročne ciljeve i ne dopustite da vas kratkoročne promjene na tržištu odvrate od zacrtanog plana.

- **Konzultacije s financijskim savjetnikom**

- Ako niste sigurni u svoje odluke, ili trebate pomoć u planiranju, razmislite o konzultacijama s profesionalnim financijskim savjetnikom. Dogovorite besplatni sastanak sa FINplan stručnjakom na:

ulaganje.finplan.hr/from-qr

- Financijski savjetnik može vam pomoći u razumijevanju složenosti tržišta kao i prilikom odabira strategije ulaganja koja odgovara vašim potrebama.

Razumijevanje rizika i povrata

- **Definicija rizika**: rizik se definira kao mogućnost u kojoj će vaša investicija donijeti manji povrat od očekivanog ili će čak rezultirati gubitkom. Svaka vrsta investicije nosi određeni stupanj rizika.

- **Razumijevanje povrata**: povrat na investiciju (ROI) je mjera dobiti ili gubitka vaše investicije u odnosu na njezinu početnu vrijednost. Izražava se kao postotak i ključan je za ocjenjivanje uspješnosti investicije.

- **Vrste rizika:**
- **Tržišni rizik**: mogućnost gubitka zbog promjena na tržištu.
- **Kreditni rizik**: rizik da izdavatelj vrijednosnog papira neće moći ispuniti svoje financijske obveze.
- **Likvidnosni rizik**: rizik da nećete moći brzo prodati investiciju bez značajnog gubitka vrijednosti.
- **Operativni rizik**: rizik od gubitka zbog neefikasnog upravljanja, administrativnih pogrešaka ili prevara.

- **Kako upravljati rizikom**:

- **Diversifikacija**: ponovimo; ne ulažite sve svoje resurse u jednu investiciju. Širenjem ulaganja na različite klase imovine možete smanjiti ukupni rizik.

- **Razumijevanje vaše tolerancije na rizik**: važno je znati koliko rizika možete podnijeti prije negoli uložite. To ovisi o vašim financijskim ciljevima, vremenskom okviru i emocionalnoj sposobnosti u podnošenju potencijalnih gubitaka.

- **Korištenje *stop-loss* naloga**: ovo je nalog za prodaju vrijednosnog papira kada njegova cijena padne na određenu razinu, što može pomoći u ograničenju gubitaka.

- **Redovito praćenje i prilagodba portfelja**: tržišta se mijenjaju, stoga je važno redovito pregledavati; i po potrebi, prilagođavati investicijski portfelj.

- **Povrat i rizik idu ruku pod ruku**: općenito, veći potencijalni povrat na investiciju dolazi s većim rizikom. Važno je pronaći ravnotežu koja odgovara vašim financijskim ciljevima i toleranciji na rizik.

- **Usluge financijskih savjetnika**: ako niste sigurni kako procijeniti rizik i povrat, razmislite o korištenju usluga financijskog savjetnika. On može pružiti stručne savjete prilagođene vašim osobnim financijskim ciljevima. Dogovorite besplatni sastanak sa FINplan stručnjakom na:

ulaganje.finplan.hr/from-qr

Osnove investiranja

Investiranje započinje razumijevanjem različitih vrsta imovine koje možete uključiti u svoj portfelj. (U nastavku ove knjige bit će potanje prikazane.)

Za početak, važno je razumjeti koncepte **rizika i povrata**. Svaka vrsta investicije nosi određeni rizik, općenito gledano, veći rizik može donijeti i veći potencijalni povrat. Na primjer, investicija od 10.000 eura s godišnjom kamatnom stopom od 5% tijekom 5 godina narast će na 12.763 eura.

Diversifikacija - širenjem ulaganja ne samo na različite vrste imovine, sektore već i na različita geografska područja možete smanjiti utjecaj lošeg učinka jedne investicije na cijeli portfelj.

Vremenski horizont je također važan faktor. Dugoročna ulaganja mogu smanjiti utjecaj kratkoročnih tržišnih fluktuacija i omogućiti kapitalu rast kroz složene kamate. Razmislite o svojim financijskim ciljevima i odaberite strategiju ulaganja koja odgovara vašem vremenskom okviru.

Edukacija je neophodna. Ulaganje zahtijeva kontinuirano učenje i praćenje tržišta. Koristite pouzdane izvore informacija, sudjelujte u financijskim seminarima i radionicama te razmislite o savjetovanju s financijskim savjetnikom kako biste razvili znanje potrebno za uspješno investiranje. Dogovorite besplatni sastanak sa FINplan stručnjakom na:

ulaganje.finplan.hr/from-qr

Porezna optimizacija može povećati vaše neto povrate. Razumijevanje kako različite vrste investicija utječu na vašu poreznu obvezu pomaže vam u planiranju strategija koje minimiziraju poreze i maksimiziraju povrate.

Investiranje nije namijenjeno samo bogatima; to je alat koji svatko može koristiti u stvaranju financijskog blagostanja. Ukoliko započnete malim iznosima; koristeći strategije poput diversifikacije, automatizacije i edukacije, svakako možete stvoriti temelj za financijsku sigurnost i rast.

Početak: s malim iznosima do velikog portfelja

Ključ uspjeha prilikom stvaranja velikog portfelja koji započinje malim iznosima leži u strpljivosti i dosljednosti. Prvi korak je započeti onime što imate, bez obzira koliko to malo i bilo. Važno je shvatiti da čak i mali mjesečni iznosi, kada se ulažu pametno i redovito, vremenom mogu rezultirati značajnom financijskom dobiti zahvaljujući moćima složenih kamata. Na primjer, ulaganje od 500 eura mjesečno, s prosječnim godišnjim povratom od 5% tijekom 20 godina može narasti na približnih 195.000 eura.

Nakon što započnete s ulaganjem, sljedeći je korak diversifikacija vašeg portfelja. Diversifikacija, kao što smo već spomenuli više puta, pomaže u smanjenju rizika jer se njome šire ulaganja na različite vrste imovine. Navedeno osigurava rizik; ukoliko dođe do pada vrijednosti jedne investicije; ona može biti nadoknađena rastom druge, čime se smanjuje ukupan rizik portfelja. Na primjer, možete odlučiti uložiti 60% svojih sredstava u dionice za rast, 30% u obveznice za stabilnost i 10% u zlato kao zaštitu od inflacije.

Automatizacija investiranja ključan je element za izgradnju velikog portfelja. Postavljanjem automatskih transfera s vašeg tekućeg računa na investicijski račun osiguravate sebi redovito ulaganje bez potrebe za svakodnevnim odlukama. Navedeno vam omogućuje iskoristiti prednosti prosječnog troška dolara kupujući veću količinu dionica kada su cijene niske, a manju kada su cijene visoke, što može rezultirati nižim prosječnim troškom po dionici vremenom.

Edukacija je, kako se opetovano navodi i navodi se s razlogom, ključna komponenta uspješnog ulaganja, stoga budite educirani. Razumijevanje osnova ulaganja, praćenje tržišnih trendova i kontinuirano učenje o novim investicijskim strategijama može vam pomoći kako u donošenju informiranih odluka tako i u prilagodbi svoga portfelja prema promjenjivim tržišnim uvjetima. Koristite pouzdane financijske izvore, sudjelujte u *webinarima* i radionicama te razmislite o korištenju usluga financijskih savjetnika ako vam je potrebna dodatna pomoć. Pogledajte naš webinar na: https://ulaganje.finplan.hr/evergreen

Na kraju, važno je imati jasan plan i još jasnije ciljeve. Odredite što želite postići svojim ulaganjima (bilo da je riječ o osiguranju udobne mirovine, financiranju obrazovanja vaše djece ili kupnji doma). Postavljanjem jasnih ciljeva i redovitim praćenjem napretka možete ostati usmjereni i motivirani u izgradnji svog portfelja, čak i kada se suočavate s raznim tržišnim izazovima.

Razumijevanje rizika i povrata

Razumijevanje rizika i povrata ključno je za svakog investitora koji želi uspješno upravljati svojim portfeljem. Rizik se odnosi na mogućnost gubitka kapitala ili na umanjeni financijski povrat ukoliko investicija ne donese očekivani rezultat. Povrat, s druge strane, predstavlja dobit koju investitor očekuje ostvariti od svoje investicije. Važno je napomenuti da rizik i povrat idu ruku pod ruku; općenito, veći potencijalni povrat dolazi s većim rizikom. Za upravljanje rizikom važno je razumijevanje korelacije između različitih vrsta imovine. Ako su dvije imovine visoko korelirane to znači da se njihove vrijednosti kreću u istom smjeru. Diversifikacijom portfelja, ulaganjem u imovinu koja je negativno korelirana investitori mogu smanjiti ukupni rizik portfelja. Na primjer, ako dionice padaju dok obveznice rastu, ulaganje u oba područja može pomoći u ublažavanju gubitaka.

Važno je i razumijevanje volatilnosti kao mjere rizika. Volatilnost se odnosi na stupanj promjene cijena investicije tijekom vremena i često se mjeri standardnom devijacijom povrata. Investicija s visokom volatilnošću smatra se rizičnijom jer njezina vrijednost može značajno varirati u kratkom vremenskom razdoblju, što može dovesti do većih gubitaka.

Za upravljanje rizikom koriste se različite strategije poput diversifikacije portfelja, *hedginga* i postavljanje zaustavnih naloga. *Hedging* uključuje korištenje financijskih instrumenata kao što su opcije i *futures* ugovori koji nas štite od gubitaka. Zaustavni će nalozi, s druge strane, automatski prodati investiciju kada njezina cijena padne na određenu razinu, čime se ograničavaju potencijalni gubitci.

U konačnici, ključno je da investitori razumiju svoju toleranciju na rizik i prilagode svoje strategije ulaganja sukladno tome. Tolerancija na rizik varira od osobe do osobe te ona kao takva ovisi o financijskim ciljevima, vremenskom horizontu i osobnoj situaciji. Razumijevanjem rizika i povrata investitori mogu donositi informirane odluke koje će im pomoći ostvariti vlastite financijske ciljeve uz prihvatljivu razinu rizika.

Izbor pravih investicijskih opcija

Kada birate prave investicijske opcije ključno je razumjeti kako se svaka opcija uklapa u vašu **ukupnu financijsku strategiju** i kako može doprinijeti vašim dugoročnim ciljevima. Različite investicijske opcije nude različite razine rizika i potencijalnih povrata te je važno odabrati one koje najbolje odgovaraju vašoj toleranciji na rizik i vremenskom horizontu ulaganja. Važno je napomenuti da nijedna investicijska opcija nije bez rizika i da povrati nikada nisu zajamčeni. Stoga je ključno kontinuirano pratiti i prilagođavati svoj portfelj kako bi se osigurali da on kao takav ostane usklađen s vašim financijskim ciljevima i tolerancijom na rizik. Investiranje zahtijeva strpljenje, istraživanje i dosljednost. Započinje razumijevanjem različitih investicijskih opcija te na koji način one mogu služiti vašim ciljevima.

Vrste ulaganja

Za uspješno ulaganje važno je razumjeti kako svaka od postojećih opcija može doprinijeti vašem portfelju u smislu rizika, povrata i likvidnosti.

Razmotrimo detaljnije svaku od investicijskih opcija kako bismo bolje razumjeli njihove karakteristike i na koji se način one kao takve mogu uklopiti u vašu strategiju ulaganja.

Dionice nude potencijal za značajan rast kapitala, ali s time dolazi i povećani rizik. Investiranje u dionice zahtijeva temeljitu analizu i razumijevanje tržišta. Prilikom odabira dionica važno je razmotriti financijsko stanje poduzeća, njegovu konkurentsku poziciju na tržištu, kao i opće ekonomske uvjete. Analiza dionica može uključivati proučavanje prihoda, dobiti, tržišne kapitalizacije i drugih ključnih financijskih pokazatelja. Formula za izračunavanje P/E omjera (cijena dionice podijeljena s dobiti po dionici) može pružiti uvid u to je li dionica precijenjena ili podcijenjena u odnosu na svoje prihode.

Obveznice, s druge strane, nude stabilniji povrat i manji rizik u odnosu na dionice. One su posebno privlačne investitorima koji traže redovite prihode poput kamata. Vrijednost obveznica može varirati ovisno o promjenama kamatnih stopa, ali općenito su manje volatilne od dionica. Prilikom ulaganja u obveznice važno je razmotriti kreditni rejting izdavatelja, rok dospijeća obveznice i kamatnu stopu.

Investicijski fondovi i *ETF*-ovi pružaju pristup portfelju koji podliježe diversifikaciji a uključuje dionice, obveznice ili druge vrijednosne papire koje ostvaruje putem jednog ulaganja; što može biti korisno za investitore koji nemaju vremena ili znanja za samostalno upravljanje svojim ulaganjima. Upravljačke naknade i troškovi transakcija faktori su koje treba uzeti u obzir prilikom odabira ovih investicijskih opcija. Diversifikacija kroz investicijske fondove i *ETF*-ove može pomoći u smanjenju rizika, ali je važno pažljivo odabrati fondove koji odgovaraju vašim investicijskim ciljevima i profilu rizika.

Nekretnine i plemenite kovine, kao što su zlato i srebro, mogu pružiti zaštitu od inflacije i diversifikaciju portfelja. Ulaganje u nekretnine može uključivati kupnju fizičkih nekretnina ili ulaganje kroz nekretninske investicijske fondove (*REIT*s). Plemenite kovine često služe kao sigurno utočište u vremenima ekonomske neizvjesnosti. Međutim, ove vrste ulaganja također nose svoje specifične rizike koji uključuju volatilnost cijena i potrebu za većom likvidnošću.

Kriptovalute su se nedavno pojavile kao nova klasa imovine koja privlači pažnju investitora zbog potencijala za visoke povrate. Međutim, visoka volatilnost i regulatorna neizvjesnost čine ih visokorizičnim ulaganjem. Investitori koji razmatraju ulaganje u kriptovalute trebali bi biti spremni na mogućnost velikih fluktuacija u vrijednosti te pažljivo razmotriti kako se takva ulaganja uklapaju u njihov ukupni investicijski plan.

U konačnici, izbor pravih investicijskih opcija ovisi o vašim financijskim ciljevima, vremenskom horizontu ulaganja i toleranciji na rizik. Diversifikacija portfelja u kombinaciji s različitim vrstama ulaganja može pomoći u smanjenju rizika i u postizanju stabilnijih povrata.

Investiranje u plemenite kovine

Investiranje u plemenite kovine, poput zlata i srebra, predstavlja klasičnu strategiju zaštite financija i diversifikacije portfelja. Zlato se smatra sigurnim utočištem u vremenu ekonomske neizvjesnosti i inflacije. Njegova vrijednost često raste kada padaju vrijednosti dionica i drugih investicijskih klasa, čineći ga privlačnim za investitore koji žele smanjiti rizik.

Cijena zlata određuje se na svjetskim tržištima, a njegova fluktuacija ovisi o mnogim faktorima koji uključuju: ponudu i potražnju, inflaciju, kamatne stope i globalnu ekonomsku stabilnost. Investiranje u zlato može se ostvariti na nekoliko načina; kupnjom fizičkog zlata (zlatnici, poluge), zlatnih certifikata, *ETF*-ova koji prate cijenu zlata ili dionica rudarskih kompanija.

Međutim, važno je uzeti u obzir i troškove pohrane te osiguranja fizičkog zlata, kao i provizije i naknade povezane s kupnjom zlatnih financijskih instrumenata.

Srebro, iako manje popularno od zlata, također može biti dobra investicija. Cijena srebra je volatilnija od cijene zlata, što može pružiti veće prilike za zaradom, ali i veći rizik. Srebro se široko koristi u industriji, što znači da njegova cijena može biti osjetljivija na promjene u industrijskoj potražnji.

Investiranje u plemenite kovine treba biti dio šire strategije diversifikacije. Plemenite kovine obično ne donose redovite prihode u vidu dividendi ili kamata, stoga mogu biti manje privlačne investitorima koji traže redovite prihode. Međutim, njihova sposobnost očuvanja vrijednosti u vremenu financijske nestabilnosti čini ih vrijednim dodatkom portfelju.

Pri odabiru načina investiranja u plemenite kovine važno je, isto tako, razmotriti vlastite financijske ciljeve, toleranciju na rizik i vremenski horizont ulaganja. Za one koji preferiraju izbjegavanje rizika povezanog s fizičkim posjedovanjem, zlatni *ETF*-ovi ili fondovi mogu biti prikladnija opcija. S druge strane; investitori koji žele izravno posjedovati fizičke kovine trebali bi biti svjesni dodatnih troškova i logističkih izazova.

Diversifikacija kroz plemenite kovine može pomoći u smanjenju ukupnog rizika portfelja, pružajući zaštitu u vremenu ekonomske neizvjesnosti.

Kao kod svih investicija, ključno je temeljito istražiti i razumjeti tržišta prije donošenja investicijskih odluka.

3. Treća tajna: Stvaranje pasivnih prihoda

Stvaranje pasivnih prihoda ključno je za postizanje financijske neovisnosti koja omogućuje vama a i vašem novcu raditi za vas umjesto toga da vi neprestano radite za novac. Razumijevanjem postupaka uz koje možete generirati i maksimizirati pasivne prihode transformirate svoju financijsku budućnost omogućujući sebi izgradnju financijskog blagostanja uz manje neposrednoga rada.

Što je pasivni prihod?

Pasivni prihod predstavlja ključnu komponentu u strategiji financijske neovisnosti jer omogućuje prihod koji ne iziskuje svakodnevni aktivni rad i neprekidni angažman kako bi se generirao. Jednom kada postavite izvor pasivnog prihoda on nastavlja donositi prihod bez potrebe za vašim svakodnevnim angažmanom.

Navedeno svojstvo čini pasivni prihod izuzetno privlačnim za one koji teže financijskoj neovisnosti i žele sebi osigurati stabilan prihod uz minimalan trud. Za uspješno generiranje pasivnih prihoda ključno je razumjeti i primijeniti strategije diversifikacije. Također, redovito pratite i prilagođavajte svoje investicije kako biste maksimizirali povrat i osigurali dugoročnu financijsku stabilnost. Pasivni prihodi nude put prema financijskoj neovisnosti jer omogućuju vašem novcu da radi za vas. Ulaganjem vremena i resursa u razvoj izvora za generiranje pasivnih prihoda možete postaviti temelje za stabilan i siguran financijski život.

Pasivni prihodi dolaze u mnogim oblicima: dividende od dionica, prihodi od iznajmljivanja nekretnina, prihodi od autorskih prava i prihodi od *online* poslovanja...

Investiranje u dividende dionica predstavlja klasičan primjer pasivnog prihoda. On je ujedno i jedan od najpopularnijih izvora pasivnih prihoda. Kada investirate u dionice, koje isplaćuju dividende, redovito primate dio dobiti poduzeća. Veliki se broj investitora oslanja na dividende kao na stabilan izvor prihoda, naročito u mirovini.

Na primjer, ako posjedujete 1000 dionica poduzeća koje isplaćuje dividendu od 5 eura po dionici, vaš godišnji prihod od dividendi bit će 5000 eura.

Iznajmljivanje nekretnina također predstavlja snažan izvor pasivnog prihoda. Nakon početne investicije i postavljanja sustava upravljanja; nekretnine mogu kontinuirano generirati prihod putem najamnine. Važno je, međutim, uzeti u obzir troškove održavanja i mogućnost praznih perioda.

Uspjeh u ovom području zahtijeva dobro poznavanje tržišta nekretninama te iziskuje određene sposobnosti upravljanja imovinom.

Nekretninski investicijski fondovi (*REITs*) omogućuju investitorima ulaganje u portfelje nekretnina bez potrebe za izravnim upravljanjem imovinom. *REIT*s često isplaćuju visoke dividende, što ih čini privlačnim izvorom pasivnih prihoda. Investiranje u *REIT*s može biti posebno korisno za one koji žele imati udio u tržištu nekretnina, ali nemaju kapital ili znanje potrebno za izravno investiranje u fizičke nekretnine.

Digitalni proizvodi i ***online*** **poslovanja** nude modernije pristupe generiranja pasivnih prihoda. Jednom kada kreirate i postavite digitalni proizvod na tržište; poput e-knjiga ili *online* tečaja, recimo, on kao takav može neprekidno generirati prihod svaki put kada se proda bez dodatnog rada s vaše strane. Slično tome, *web* stranice ili blogovi koji generiraju prihod od oglašavanja ili *affiliate* marketinga mogu kontinuirano donositi prihod nakon početnog perioda razvoja i promocije.

Digitalni proizvodi kao što su e-knjige, *online* tečajevi ili softverska rješenja predstavljaju izvanrednu priliku za generiranje prihoda. Jednom kada je digitalni proizvod kreiran može se prodavati neograničeni broj puta bez dodatnih troškova. Ovo može rezultirati značajnim pasivnim prihodom, posebice ako proizvod zadovoljava specifičnu potrebu ili rješava određeni problem unutar ciljane niše.

***Affiliate* marketing** još je jedan efikasan način za generiranje pasivnih prihoda putem interneta. Promoviranjem proizvoda ili usluga drugih poduzeća na vlastitoj *web* stranici ili *blogu* možete zaraditi proviziju za svaku prodaju koja se ostvaruje putem vašeg *affiliate linka*. Ključ uspjeha u *affiliate* marketingu leži u izgradnji snažne *online* prisutnosti i privlačenju ciljane publike koja ima povjerenje u vaše preporuke.

YouTube* kanali** i ***blogovi mogu također generirati značajne prihode od oglašavanja. Stvaranjem kvalitetnog i angažiranog sadržaja, koji privlači veliki broj pratitelja možete ostvariti prihode od oglasa koji se prikazuju na vašoj platformi. Osim toga, sponzorstva i partnerstva s brendovima mogu pružiti dodatne izvore prihoda.

Prihodi od autorskih prava mogu proizaći iz stvaranja originalnog sadržaja poput knjiga, glazbe, ili softvera. Navedeni proizvodi zatim generiraju prihode svaki put kada se prodaju ili licenciraju. Ovaj oblik pasivnog prihoda zahtijeva početni napor i vremensko ulaganje koje može donijeti dugoročne prihode bez potrebe za stalnim radom.

Za uspješno stvaranje pasivnih prihoda ključno je razumjeti različite izvore prihoda i kako ih najbolje iskoristiti u skladu s vlastitim financijskim ciljevima i tolerancijom na rizik. Ne zaboravite na diversifikaciju vaših izvora pasivnih prihoda jer ona kao takva može pomoći u smanjenju rizika i može vam osigurati stabilniji prihod. Stoga razmotrite kombinaciju različitih strategija poput: investiranja u dionice s dividendama, posjedovanje nekretnina za iznajmljivanje te razvoj *online* poslovanja kako biste maksimizirali svoj pasivni prihod i postigli financijsku neovisnost.

Investiranje u **dionice s dividendama** i posjedovanje **nekretnina** samo su početak puta prema stvaranju pasivnih prihoda.

Uz tradicionalne metode, postoje i inovativni pristupi koji mogu dodatno obogatiti vaš portfelj pasivnih prihoda.

Za maksimiziranje pasivnih prihoda važno je kontinuirano pratiti i prilagođavati vaš portfelj. Navedeno uključuje redovitu evaluaciju performansi vaših investicija, kao i istraživanje novih prilika za diversifikaciju i rast. Također, važno je imati na umu porezne implikacije vaših investicijskih odluka i potražiti stručni savjet kako biste optimizirali svoju poreznu obvezu. U našem webinaru ćete pronači sve te informacije. Pogledajte na:

https://ulaganje.finplan.hr/evergreen

Ulaganje u razvoj vlastitih vještina i znanja također može doprinijeti vašoj sposobnosti generiranja pasivnih prihoda. Bilo da je riječ o učenju o digitalnom marketingu, razvoju softvera ili investiranju na burzi. Kontinuirano obrazovanje omogućuje vam iskoristiti nove prilike i tehnologije koje mogu pomoći u rastu vaših pasivnih prihoda.

Stvaranje i održavanje izvora pasivnih prihoda zahtijeva vrijeme, trud i strpljenje. Međutim, s pravim pristupom i strategijom moguće je izgraditi portfelj koji će vam pružiti financijsku sigurnost i omogućiti vam živjeti životom po vašim uvjetima. Raznolikost i kreativnost u pristupu pasivnim prihodima ključni su za postizanje dugoročne financijske neovisnosti.

Pasivni prihodi i njihovo generiranje

Razumijevanje i implementacija različitih izvora pasivnih prihoda može značajno doprinijeti vašoj sposobnosti generiranja dugoročnog financijskog blagostanja. Jedan od načina za generiranje pasivnih prihoda je ulaganje u **nekretninske investicijske fondove (*REITs*)**. *REIT*s omogućuju investitorima ostvariti prihod od nekretnina bez potrebe za izravnim upravljanjem imovinom.
Na primjer, ako investirate 100.000 eura u *REIT*s, koji nudi 5% godišnjeg povrata, tada možete očekivati godišnji prihod od 5.000 eura.

Digitalni proizvodi nude još jedan atraktivan izvor pasivnih prihoda. Stvaranjem sadržaja koji rješava specifičan problem, ili zadovoljava potrebu rješavanja problema, možete generirati prihode od prodaje ili licenciranja vaših digitalnih proizvoda. Ova strategija zahtijeva početni napor u razvoju proizvoda nakon čega može kontinuirano generirati prihod bez dodatnog rada. Na primjer, razvojem *online* tečaja koji se prodaje po cijeni od 200 eura. Prodajom 500 kopija navedenog tečaja možete ostvariti 100.000 eura, što predstavlja značajan pasivni prihod.

***Affiliate* marketing** kao još jedan efikasan način za generiranje pasivnih prihoda putem interneta može biti koristan. Kreiranjem sadržaja koji privlači posjetitelje na vašu *web* stranicu ili *blog* možete također zaraditi proviziju promovirajući proizvode ili usluge drugih. Važno je odabrati *affiliate* programe koji su relevantni za vašu ciljanu publiku kako biste maksimizirali konverzije i prihode. Na primjer, ako vaš *blog* privlači 10.000 posjetitelja mjesečno i da samo 1% njih kupi proizvod preko vašeg *affiliate linka* s prosječnom provizijom od 100 eura po prodaji, to bi rezultiralo mjesečnim prihodom od 10.000 eura.

***YouTube* kanali** i **blogovi** mogu generirati prihode od oglašavanja. Stvaranjem kvalitetnog i angažiranog sadržaja koji privlači veliki broj pratitelja možete ostvariti prihode od oglasa koji se prikazuju na vašoj platformi. Osim toga, sponzorstva i partnerstva s brendovima mogu pružiti dodatne izvore prihoda. Na primjer, *YouTube* kanal s 100.000 pretplatnika može generirati prihode od nekoliko tisuća do nekoliko desetaka tisuća eura mjesečno od oglašavanja, ovisno o broju pregleda i angažmanu publike.

Za uspješno generiranje pasivnih prihoda važno je kontinuirano istraživati nove prilike i prilagođavati svoj portfelj. Također, važno je redovito pratiti performanse vaših investicija i prilagođavati strategije kako biste maksimizirali povrat. Ulaganje u razvoj vlastitih vještina i znanja ključno je za iskorištavanje novih prilika koje se pojavljuju na promjenjivom tržištu pasivnih prihoda.

Strategije stvaranja pasivnog prihoda

Već smo razmotrili kako je provjerena metoda za generiranje pasivnih prihoda ulaganje u **dividende dionica** i u **nekretnine**. Međutim; digitalni proizvodi predstavljaju relativno novu, ali izuzetno potentnu kategoriju za stvaranje pasivnog prihoda. Ova kategorija uključuje široki spektar proizvoda od e-knjiga i *online* tečajeva do softverskih aplikacija i pretplatničkih servisa. Ključ uspjeha digitalnih proizvoda nalazi se u njihovoj sposobnosti zadovoljavanja specifičnih potreba; ili su, pak, vid rješenja problema ciljane publike.

U razvoj **digitalnih proizvoda** potrebno je uložiti vrijeme i resurse da bi se kreirao kvalitetan sadržaj ili softver. Nakon početne faze razvoja i lansiranja, digitalni proizvodi mogu generirati prihode uz minimalno održavanje. Ukoliko prodate 1000 kopija svoje e-knjige čija cijena iznosi 100 eura, vaš će prihod iznositi 100.000 eura.

Važno je napomenuti da uspjeh digitalnih proizvoda ovisi o efikasnom marketingu i sposobnosti dosezanja ciljane publike. Korištenje društvenih mreža, e-mail marketinga i SEO strategija mogu pomoći u promociji vaših proizvoda široj publici. Također, razmatranje partnerstava s *influencerima* ili drugim kreatorima sadržaja može povećati vidljivost vaših proizvoda.

Za one koji preferiraju rad s nekretninama, **nekretninski investicijski fondovi (*REITs*)** nude mogućnost ulaganja u nekretnine s manjim kapitalom i bez potrebe za izravnim upravljanjem imovinom. *REITs* često isplaćuju visoke dividende što ih čini atraktivnim izvorom pasivnih prihoda.

Bez obzira na odabrani pristup, ključno je kontinuirano pratiti tržišne trendove i prilagođavati strategije kako biste maksimizirali pasivne prihode. Diversifikacija izvora prihoda može pomoći u smanjenju rizika i osiguravanju stabilnosti vaših financija.

Ulaganje u razvoj vlastitih vještina i znanja, kao i korištenje digitalnih alata i tehnologije omogućit će vam iskoristiti nove prilike za generiranje pasivnih prihoda.

Automatizacija prihoda

Automatizacija prihoda omogućuje maksimiziranje pasivnih prihoda uz minimalan trud. Ključna strategija za postizanje navedenoga je korištenje digitalnih alata i platformi koje omogućuju automatizaciju različitih aspekata vašeg financijskog portfelja. **Automatizacija investicija** može se postići postavljanjem redovitih transfera s vašeg tekućeg računa na investicijski račun. Ovo vam osigurava kontinuirano ulaganje u svoj portfelj bez potrebe za svakodnevnim nadzorom. Na primjer, možete postaviti automatski transfer od 500 eura mjesečno u indeksni fond.

Automatizacija štednje još je jedan ključan element. Postavljanjem automatskih transfera na štedni račun osiguravate redovitu štednju dijela svojih prihoda. Ovo može biti posebno korisno za izgradnju hitnog fonda ili štednje za specifične ciljeve kao što su putovanja ili kupnja nekretnine.

Automatizacija plaćanja računa pomaže u upravljanju vašim financijama tako što smanjuje rizik od zakašnjelih plaćanja i povezanih naknada. Većina bankovnih usluga nudi mogućnost postavljanja redovitih plaćanja za ponavljajuće troškove kao što su komunalije, najamnine ili krediti. Ovo ne samo da štedi vrijeme; već i pomaže u održavanju dobrog kreditnog rejtinga.

Automatizacija praćenja troškova može se postići korištenjem aplikacija za upravljanje financijama koje automatski kategoriziraju vaše troškove i pružaju uvid u vaše financijske navike. Ovo je ključno za identifikaciju područja u kojima možete smanjiti troškove i povećati štednju ili investicije.

Automatizacija diversifikacije portfelja može se ostvariti putem investicijskih platformi koje automatski balansiraju vaš portfelj kako bi održale željenu razinu rizika i diversifikacije. Ovo je posebno korisno za investitore koji nemaju vremena ili znanja za aktivno upravljanje svojim investicijama.

Za uspješnu automatizaciju prihoda važno je odabrati prave alate i platforme koje odgovaraju vašim financijskim ciljevima i stilu života. Također, redovito pregledavajte i prilagođavajte svoje automatizirane postavke kako biste osigurali da one i dalje odgovaraju vašim potrebama i financijskim ciljevima. Automatizacija prihoda može značajno doprinijeti izgradnji vaše financijske stabilnosti jer vam omogućuje održavanje fokusa koji je usmjeren prema ostvarenju dugoročnih financijskih ciljeva; čime vas oslobađa svakodnevnih financijskih odluka.

Pasivni prihodi: novac bez dodatnog rada

U ovom je kontekstu važno razumjeti kako se tehnologija i financijski alati mogu iskoristiti za optimizaciju prihoda i za smanjenje potrebe za aktivnim angažmanom.

Jedna od strategija uključuje korištenje platformi za automatizirano ulaganje koje omogućuje korisnicima postaviti investicijske ciljeve. Odabirom željene razine rizika dopuštate platformi da upravlja ulaganjima na temelju algoritamskih modela. Ove platforme koriste napredne analitičke alate za prilagodbu portfelja u realnom vremenu, osiguravajući investicijskim ciljevima da ostanu usklađeni s tržišnim uvjetima. Primjerice, postavljanje automatskog transfera određenog iznosa novca na ovakve platforme može osigurati kontinuirano ulaganje uz korištenje principa složenih kamata za rast kapitala pri čemu uvijek pomaže formula za izračun istih.

Druga metoda automatizacije prihoda uključuje korištenje *online* platformi za iznajmljivanje nekretnina koje pojedincima omogućuju lako upravljanje vlastitim nekretninama jer automatiziraju procese poput rezervacija, plaćanja i komunikacije s gostima. Ovo smanjuje potrebu za fizičkom prisutnošću i omogućava vlasnicima nekretnina generiranje pasivnih prihoda uz minimalno uloženog truda.

Automatizacija plaćanja računa i upravljanje financijama kroz digitalne bankovne usluge i aplikacije za upravljanje osobnim financijama također igraju važnu ulogu u osiguravanju stalnog priljeva novca.

Postavljanjem automatskih plaćanja na redovite financijske obveze izbjegavaju se kašnjenja i uz to povezane kazne čime se financijama osigurava da ostanu stabilne i predvidive.

Korištenje aplikacija za praćenje troškova i budžetiranje mogu pružiti detaljan uvid u financijske navike omogućujući pritom korisnicima identifikaciju područja za poboljšanje i optimizaciju svog financijskog planiranja. Ove aplikacije mogu automatski kategorizirati troškove, pružiti analize potrošnje i pomoći u postavljanju ciljeva štednje.

Za sve one koji se bave *online* poslovanjem automatizacija marketinških kampanja i procesa prodaje može značajno povećati efikasnost i omogućiti generiranje prihoda bez stalnog nadzora. Korištenje alata za automatizaciju e-mail marketinga, društvenih mreža i oglašavanja može pomoći u privlačenju i zadržavanju klijenata dok istovremeno smanjuje potrebu za ručnim radom.

U suštini, ključ za osiguravanje stalnog priljeva novaca bez dodatnog rada leži u inteligentnom korištenju tehnologije i financijskih alata koji omogućuju automatizaciju i optimizaciju prihoda. Razumijevanjem i primjenom ovih strategija pojedinci mogu postići veću financijsku stabilnost i mogu dospjeti korak bliže financijskoj neovisnosti uz smanjenu potrebu za aktivnim angažmanom u svakodnevnim financijskim operacijama.

4. Četvrta tajna upravljanje dugom

Ključna komponenta za postizanje financijske stabilnosti i neovisnosti jest komponenta upravljanja dugom. Mnogi se pojedinci suočavaju s izazovom efikasnog upravljanja vlastitim dugovima
bilo da je riječ o kreditnim karticama, studentskim kreditima, hipotekama ili osobnim zajmovima. Prvi korak u upravljanju dugom je razumijevanje ukupnog iznosa duga koji imate i kamatnih stopa koje se primjenjuju na svaki dug. Ovo zahtijeva detaljnu analizu vaših financijskih obveza i prioritizaciju dugova na temelju kamatnih stopa i rokova dospijeća.
Stoga će u nastavku biti spomenute popularne metode otplaćivanja dugova.

Metoda lavine jedna je od najučinkovitijih strategija smanjenja dugova. Ovom se metodom fokusirate na otplatu duga s najvišom kamatnom stopom, dok minimalno plaćate ostale dugove.

S druge strane, **metoda snježne lopte** fokusira se na otplatu dugova počevši od onog s najmanjim iznosom, neovisno o kamatnoj stopi. Nakon što se najmanji dug otplati, iznos koji ste koristili za njegovu otplatu dodaje se sljedećem najmanjem dugu.

Refinanciranje i konsolidacija dugova također su važne strategije koje vam mogu pomoći upravljati dugom. Refinanciranje može omogućiti niže kamatne stope i može rezultirati promjenom uvjeta plaćanja, što umanjuje mjesečne obveze i ukupne troškove kamata. Konsolidacija dugova uključuje spajanje više dugova u jedan zajam s nižom kamatnom stopom što pojednostavljuje upravljanje dugom što može smanjiti ukupne mjesečne isplate.

Važno je također razumjeti ulogu kreditnog izvještaja i kreditnog rejtinga u upravljanju dugom. Redovito provjeravanje kreditnog izvještaja može vam pomoći identificirati greške ili područja koja zahtijevaju poboljšanje. Održavanje dobrog kreditnog rejtinga ključno je za pristup povoljnijim uvjetima kreditiranja, što može olakšati upravljanje dugom.

Izgradnja hitnog fonda jedna je od temeljnih strategija za prevenciju budućeg zaduživanja. Hitni fond služi kao financijski jastuk koji vam omogućuje pokriti neočekivane troškove bez potrebe za zaduživanjem. Preporučuje se štedjeti iznos koji pokriva troškove života od tri do šest mjeseci.

Postavljanje jasnih financijskih ciljeva i praćenje prihoda i rashoda pomaže vam u stvaranju plana za otplatu dugova te sprječava stvaranje novih dugova. Kreiranje detaljnog proračuna s jasnim kategorijama rashoda omogućuje vam identificirati područja u kojima možete smanjiti troškove i preusmjeriti ušteđeni novac na otplatu dugova.

Odabir alata za praćenje financija može biti ključan u procesu upravljanja dugom. Postoje brojne aplikacije i softverska rješenja koja omogućuju detaljno praćenje vaših prihoda, rashoda, kao i napretka u otplati dugova. Korištenjem ovih alata možete postaviti obavijesti za rokove plaćanja i analizirati svoje financijske navike. Ovo može biti izuzetno korisno za identifikaciju nepotrebnih troškova koji se mogu eliminirati ili umanjiti, čime se oslobađaju dodatna sredstva za bržu otplatu dugova.

Razumijevanje psihološkog aspekta zaduživanja može vam svakako pomoći u borbi protiv dugova. Mnogi se ljudi zadužuju uslijed trenutačnih emocionalnih potreba ili zbog pritiska društva. Rad na jačanju financijske discipline i razvijanju zdravijeg odnosa prema novcu može umanjiti potrebu za zaduživanjem. Postavljanje realnih financijskih ciljeva i vizualizacija napretka može poslužiti kao dodatna motivacija isto tako.

Uključivanje obitelji u sam proces upravljanja dugom također može biti korisno. Otvoreni razgovori o financijama i zajedničko postavljanje ciljeva mogu ojačati međusobnu podršku i odgovornost. Ovo može biti posebno važno kada se radi o smanjenju troškova unutar kućanstva ili prilikom planiranja većih financijskih odluka.

Govoreći o otplati dugova važno je imati na umu da su upornost i strpljivost ključni. Sam proces otplate duga može biti dugotrajan i može zahtijevati odricanja, ali postizanje financijske slobode vrijedno je truda. Redovito praćenje napretka i prilagođavanje strategije prema potrebi svakako može biti od pomoći u održavanju fokusa i motivacije.

Za one koji se nalaze u izuzetno teškoj financijskoj situaciji razgovor s financijskim savjetnikom, ili korištenje usluga savjetovanja za dugove, mogu vam pružiti dodatnu podršku i smjernice. Profesionalci nude personalizirane savjete i mogu pomoći u pregovorima s vjerovnicima za postizanje boljih uvjeta otplate.

Na kraju, ključno je shvatiti kako upravljanje dugom ne znači samo otplatu postojećih dugova, već predstavlja i izgradnju stabilnih financijskih temelja za budućnost. Spomenuto uključuje razvijanje zdravih financijskih navika poput: redovite štednje, investiranja i pametnog trošenja - što može spriječiti ponovno zaduživanje i osigurati dugoročnu financijsku sigurnost.

Strategije izlaska iz duga

Razumijevanje i upravljanje dugom, stoga zahtijeva strateški pristup koji se temelji na jasnom razumijevanju vaših financijskih obveza i odgovornom planiranju. Ključ kojim je moguće efikasno upravljati dugom nalazi se u detaljnoj analizi vaše trenutne financijske situacije. Navedeno uključuje popis svih dugova, uzimajući u obzir kamatne stope, minimalne mjesečne isplate i ukupne iznose duga. **Kreiranje ovog popisa** omogućit će vam uvid u cjelokupnu sliku vaših dugova te kako ih prioritizirati na temelju kamatnih stopa ili iznosa duga.

Navedeno će vam isto tako pomoći izabrati strategiju kojom ćete umanjiti ili se u potpunosti riješiti dugova. Hoće li to biti **strategija lavine**, **metoda snježne lopte**, **metoda refinanciranja duga** ili njegova **konsolidacija,** izbor je na vama; obzirom da vi procjenjujete koja vam od ponuđenih strategija više odgovara, i kojom mislite da biste mogli postići efikasnije rezultate.

Važno je napomenuti kako upravljanje dugom zahtijeva disciplinu i dosljednost. Postavljanje realističnih financijskih ciljeva i redovito praćenje vašeg napretka ključni su za uspjeh. Također, razmislite o korištenju alata za upravljanje dugom ili o savjetovanju s financijskim savjetnikom koji vam može pomoći u izradi prilagođenog plana za otplatu dugova.

Osim navedenih strategija, **izrada detaljnog proračuna** je temelj za uspješno upravljanje dugom. Proračun vam omogućuje precizno pratiti svoje prihode i rashode te identificirati područja u kojima možete smanjiti troškove i povećati iznos novca dostupnog za otplatu dugova. Uključivanje kategorija za štednju i otplatu dugova u vaš mjesečni proračun može vam pomoći da ostanete fokusirani na svoje financijske ciljeve.

Automatizacija plaćanja može dodatno olakšati upravljanje dugom. Postavljanjem automatskih transfera za otplatu dugova osiguravate redovita plaćanja koja se ujedno vrše i na vrijeme, što može pomoći u izbjegavanju kašnjenja i dodatnih naknada. Osim toga, automatska štednja može pomoći u izgradnji hitnog fonda time što se smanjuje potreba za zaduživanjem u budućnosti uslijed neočekivanih troškova.

Pregovaranje s vjerovnicima može biti još jedna strategija koju vrijedi razmotriti. U nekim slučajevima vjerovnici mogu biti voljni pregovarati o uvjetima vašeg duga, što uključuje smanjenje kamatnih stopa ili promjenu uvjeta otplate. Ovo može biti posebno korisno ako se suočavate s financijskim poteškoćama.

Edukacija o financijskom upravljanju također je ključna pri upravljanju dugom. Razumijevanje osnova osobnih financija; kako kamatne stope utječu na ukupni iznos duga i kako se koristi proračun, može vam pomoći pri donošenju informirane financijske odluke. Postoji mnogo *online* dostupnih izvora koji se fokusiraju i referiraju na financijsku pismenost poput *web* stranica, blogova i *online* tečajeva. Jedan od tih je naš webinar kojeg vam toplo preporučamo. Pogledajte ovdje:

https://ulaganje.finplan.hr/evergreen

Postavljanje prioriteta također je važno. Dok se fokusirate na otplatu dugova važno je ne zanemariti druge financijske ciljeve, kao što su štednja za mirovinu ili fond za hitne slučajeve. Balansiranje između otplaćivanja dugova i štednje može predstavljati izazov, ali je ključno za postizanje dugoročne financijske stabilnosti.

Korištenje digitalnih alata za upravljanje financijama može vam pomoći ostati na pravom putu. Postoje brojne aplikacije i softverska rješenja koja vam omogućuju pratiti vlastite dugove, proračun i štednju na jednom mjestu. Ovi alati mogu pružiti uvide u vaše financijsko stanje i pomoći vam pratiti vlastiti napredak prema zadanim financijskim ciljevima.

Na kraju, važno je **održavati pozitivan stav** u samom procesu upravljanja dugom. Iako se suočavanje s dugovima može činiti obeshrabrujućim, usvajanje proaktivnog pristupa, kao i postavljanje realnih ciljeva, može biti od pomoći u postizanju financijske slobode. Vremenom i dosljednošću moguće je prevladati dugove i izgraditi stabilne financijske temelje za budućnost.

Kako izbjeći zamke zaduživanja

Zamke zaduživanja često su skrivene u sitnim slovima ugovora o kreditima i kreditnim karticama i mogu dovesti do dugoročnih financijskih problema ako nisu pažljivo razmotrene. Da biste izbjegli ove zamke ključno je razumjeti kako kamatne stope i uvjeti otplate utječu na ukupni trošak zaduživanja. Prvi korak u izbjegavanju zamki zaduživanja je temeljito čitanje i razumijevanje svih uvjeta prije potpisivanja bilo kakvog ugovora o kreditu ili kreditnoj kartici. Posebnu pažnju treba obratiti na godišnju kamatnu stopu *APR* koja predstavlja stvarnu godišnju cijenu zaduženja, uključujući kamate i sve povezane troškove.

Drugi važan aspekt je razumijevanje razlike između **fiksnih** i **promjenjivih** kamatnih stopa. **Fiksne** kamatne stope ostaju nepromijenjene tijekom cijelog razdoblja otplate, što olakšava planiranje budućih plaćanja. S druge strane, promjenjive kamatne stope mogu se mijenjati što može dovesti do povećanja mjesečnih plaćanja i ukupnog troška zaduživanja. Osim toga, važno je biti svjestan svih dodatnih naknada koje mogu biti povezane s kreditom ili kreditnom karticom poput naknade za kasno plaćanje, naknade za prijevremenu otplatu te razne godišnje članarine.

Jedna od strategija za izbjegavanje zamki zaduživanja je izgradnja i održavanje dobrog kreditnog rejtinga. Visoki kreditni rejting može vam pomoći ostvariti povoljnije uvjete kreditiranja koji uključuju niže kamatne stope. Kako biste poboljšali svoj kreditni rejting, plaćajte svoje račune redovito i na vrijeme, smanjite ukupni iznos duga i izbjegavajte učestalo otvaranje novih računa za kreditne kartice.

Također, razmislite o alternativnom zaduživanju koji uključuje štednju za veće kupnje. Isto tako razmislite o korištenju hitnog fonda za neočekivane troškove. Ovo može pomoći smanjiti potrebu za zaduživanjem te vam, isto tako, omogućuje izbjeći dugoročne financijske obveze. Ukoliko se ipak odlučite za zaduživanje razmotrite opcije s nižim kamatnim stopama koje nude osobni zajmovi s fiksnom kamatnom stopom ili kreditne linije s niskim kamatnim stopama.

Ključno je također postaviti realan proračun i pratiti svoje troškove kako biste osigurali mogućnost udovoljavanja svojim financijskim obvezama bez prekomjernog zaduživanja. Proračun vam omogućuje uvidjeti područja na kojima možete uštedjeti ili vam može pomoći preusmjeriti uštede na otplatu postojećih dugova ili izgradnju štednje. Redovito praćenje vaših financija također može pomoći u identificiranju potencijalnih problema prije negoli postanu ozbiljni jer vam navedeno omogućuje poduzimanje koraka za njihovo rješavanje.

Korištenje alata za upravljanje dugom i proračunom može biti izuzetno korisno u izbjegavanju zamki zaduživanja. Brojne aplikacije i softverska rješenja nude detaljno praćenje vaših prihoda, rashoda, kao i napretka pri otplati dugova. Ovi alati mogu pružiti uvide u vaše financijsko stanje i mogu vam pomoći u donošenju informiranih odluka prilikom zaduživanja i trošenja. Na primjer, možete postaviti obavijesti za rokove plaćanja kako biste izbjegli naknade za kasno plaćanje, što može negativno utjecati na vaš kreditni rejting.

Osim toga, razumijevanje psihološkog aspekta zaduživanja pomaže vam izbjeći prekomjerno zaduživanje. Mnogi se ljudi zadužuju zbog trenutačnih emocionalnih potreba ili zbog pritiska društva. Rad na jačanju financijske discipline i na razvijanju zdravijeg odnosa prema novcu može smanjiti potrebu za zaduživanjem. Postavljanje realnih financijskih ciljeva i vizualizacija napretka može poslužiti kao dodatna motivacija za održavanje zdravih financijskih navika.

Kada je riječ o otplati dugova, važno je biti uporan i strpljiv. Proces može biti dugotrajan i može zahtijevati odricanja, ali postizanje financijske slobode vrijedno je truda. Redovito praćenje napretka i prilagođavanja strategija prema potrebi može pomoći u održavanju fokusa i motivacije.

Upravljanje dugom ne obuhvaća samo otplatu postojećih dugova već pomaže u izgradnji stabilnih financijskih temelja za budućnost. Navedeno podrazumijeva razvijanje zdravih financijskih navika poput redovite štednje, investiranja i pametnog trošenja novaca što može spriječiti ponovno zaduživanje i osigurati dugoročnu financijsku stabilnost.

Kako dug može raditi za vas

Razumijevanje principa kako dug može raditi za vas; a ne protiv vas, zahtijeva promjenu perspektive gledanja na dug kao i strateški pristup upravljanju financijama. Jedan od ključnih koncepata u ovom kontekstu je **efektivno korištenje poluge**. **Poluga**, u financijskom smislu, odnosi se na korištenje posuđenog kapitala za povećanje potencijalnog povrata na investiciju. Ova strategija može biti izuzetno korisna, ali također nosi sa sobom povećani rizik. Stoga je ključno razumjeti kako pravilno koristiti polugu da bi dug radio u vašu korist.

Prvi korak u korištenju duga kao poluge je **odabir prave vrste duga**. Dug s niskom kamatnom stopom, kao što su neki stambeni krediti ili krediti za investicije, može biti koristan ako se koristi za financiranje imovine koja generira prihod ili dobiva na cijeni tijekom vremena. Na primjer, kupnjom nekretnine koja se iznajmljuje možete generirati mjesečni prihod koji nadmašuje troškove hipoteke i održavanja, što rezultira neto pozitivnim priljevom gotovine.

Drugi aspekt je **razumijevanje i upravljanje rizikom**. Korištenje duga za financiranje investicija povećava vaš financijski rizik. U slučaju pada vrijednosti vaše investicije; i dalje ste odgovorni za otplatu duga. Stoga je važno imati jasan plan za upravljanje tim rizikom koji uključuje diversifikaciju vašeg portfelja i postavljanje jasnih granica za visinu duga koju ste spremni preuzeti.

Jedna od strategija za smanjenje rizika je **korištenje fiksnih kamatnih stopa** kad god je to moguće. Fiksne kamatne stope pružaju predvidljivost vaših troškova zaduživanja tijekom vremena, što može pomoći u planiranju i budžetiranju. Osim toga, razmislite o korištenju **zaštite kamatne stope** ili **opcija za zamjenu kamatnih stopa** kako biste se zaštitili od budućeg uvećanja kamatnih stopa.

Automatizacija otplata duga može vam pomoći osigurati se da se vaši dugovi redovito smanjuju, umanjujući ukupnu količinu kamata koju plaćate tijekom vremena. Ovo može biti posebno korisno za dugove s visokom kamatnom stopom u kojoj brza otplata može značajno smanjiti ukupni trošak duga.

Konačno, važno je **redovito revidirati i prilagođavati strategiju upravljanja dugom**. Financijsko tržište i vaša osobna financijska situacija mogu se promijeniti, što može utjecati na optimalnu strategiju u korištenju duga. Redovito pregledavanje vaših dugova, kamatnih stopa i investicijskih prilika pomaže vam prilagoditi pristup kako biste maksimizirali povrat i minimizirali rizik.

Korištenjem ovih strategija dug može postati moćan alat u vašem financijskom „arsenalu", jer vam omogućuje uvećanje financijskog blagostanja i postizanje financijskih ciljeva brže negoli bi to bilo moguće koristeći samo vlastiti kapital. Međutim, ključno je pristupiti ovom procesu s razumijevanjem, poštujući inherentne rizike te s jasnim planom za upravljanjem istih.

Razlika između dobrog i lošeg duga

Razumijevanje razlike između **dobrog** i **lošeg duga** ključno je za efikasno upravljanje vašim financijama. Dobar dug stvara vrijednost ili generira prihod tijekom vremena, dok loš dug obično služi za kupnju dobara koji gube na vrijednosti ili usluga koje ne pružaju dugoročnu financijsku korist.

Dobar dug može uključivati stambene kredite s povoljnim kamatnim stopama ili studentske kredite za obrazovanje kojima vaša tržišna vrijednost raste. Kredit za pokretanje poslovanja koje ima potencijal za rast i razvoj također se smatra dobrim dugom. Dug se smatra dobrim ako je kamatna stopa niža od očekivanog povrata na investiciju; što je ključno. Ukoliko je navedeni postotak veći od kamatne stope na kredit tada se dug smatra korisnim za vaše financije.

S druge strane, **loš dug** obično uključuje kreditne kartice s visokim kamatnim stopama ili kredite za kupnju luksuznih dobara koja brzo gube na vrijednosti. Troškovi ovakvog zaduživanja mogu brzo nadmašiti prvotnu vrijednost kupljenih dobara ostavljajući vas s dugom koji ne pruža nikakvu dugoročnu korist. Važno je izbjegavati ovakve vrste duga ili ih brzo otplaćivati kako bi se umanjili ukupni financijski izdatci.

Strategije za upravljanje dugom i prepoznavanje dobrog od lošeg duga uključuju detaljnu analizu uvjeta zaduživanja i potencijalnog povrata na investiciju. Prije negoli se odlučite za zaduživanje, razmislite o sljedećim pitanjima:

1. **Koja je svrha duga?**

Ako se dugom financira nešto što će povećati vašu neto vrijednost ili generirati prihod, vjerojatno je dobar dug.

2. **Koja je kamatna stopa?**

Dug s niskom kamatnom stopom koji financira investiciju s visokim povratom može biti isplativ.

3. **Koliko brzo možete otplatiti dug?**

Brza otplata smanjuje ukupne troškove kamata, čineći dug manjim opterećenjem.

Upravljanje dugom iziskuje disciplinu i strateško planiranje. Automatizacija otplata, refinanciranje za bolje uvjete i konsolidacija duga samo su neke od taktika koje možete koristiti za optimizaciju vaših financija. Također, redovito praćenje vašeg kreditnog izvještaja i održavanje dobrog kreditnog rejtinga može vam pomoći ostvariti povoljnije uvjete zaduživanja.

Banke i financijske institucije često ne razlikuju dobar od lošeg duga u svojim ponudama, stoga je na vama procijeniti i odlučiti koji će vam dug pomoći u postizanju financijskih ciljeva. Informirano donošenje odluka i razumijevanje procesa kako upravljati dugom i na koji ga način iskoristiti može pomoći transformirati vaše financije i izgraditi stabilniju financijsku budućnost.

Brze i učinkovite strategije otplate duga

Strategije za brzo i učinkovito otplaćivanje duga ključne su za oslobađanje od financijskog tereta i za postizanje veće financijske slobode. Metoda lavine i snježne lopte podrobnije su prikazane u prethodnom poglavlju. Usmjerimo se još malo na metodu refinanciranja i konsolidacije duga.

Refinanciranje je još jedna strategija koja može pomoći u bržoj otplati duga. Refinanciranje uključuje zamjenu postojećeg duga novim dugom koji ima nižu kamatnu stopu. Ovo može smanjiti mjesečne obveze i ukupne troškove kamata omogućujući bržu otplatu glavnice.

Konsolidacija duga također može biti korisna jer se tom strategijom veći broj dugova spaja u jedan zajam s nižom kamatnom stopom. Ovo ne samo da može smanjiti ukupne mjesečne isplate, već može i pojednostavniti upravljanje dugom.

Konsolidacija duga korisna je strategija i za smanjenje ukupnih kamatnih stopa. Konsolidacijom više dugova u jedan zajam, s nižom kamatnom stopom, možete smanjiti mjesečne isplate i ukupne troškove kamata.

Važno je napomenuti da brza otplata duga zahtijeva disciplinu i može zahtijevati privremeno smanjenje troškova ili pronalaženje dodatnih izvora prihoda. Redovito praćenje napretka i prilagođavanje strategije prema potrebi može pomoći u održavanju fokusa i motivacije. Bez obzira na odabranu strategiju, ključno je ostati usmjeren cilju te biti dosljedan svojim financijskim odlukama.

Izbjegavanje kamata i naknada

Upravljanje kamatama i naknadama zahtijeva pažljivo planiranje i razvoj strategije. Jedan od načina za izbjegavanje visokih kamata i nepotrebnih naknada je **promišljeno korištenje kreditnih kartica**. Ako koristite kreditnu karticu, važno je platiti cijeli iznos duga prije isteka roka plaćanja kako biste izbjegli kamate. Ako to nije moguće razmislite o prebacivanju duga na kreditnu karticu s nižom kamatnom stopom ili čak na karticu koja nudi period bez kamata na preneseni dug.

Pregovaranje s bankama o uvjetima vašeg kredita ili kreditne kartice može rezultirati nižim kamatnim stopama ili otpisom određenih naknada. Ne bojte se tražiti bolje uvjete, posebno ako ste dugogodišnji klijent s dobrom poviješću plaćanja. Bankama je u interesu zadržati vas kao klijenta, stoga su često spremne na pregovore.

Korištenje debitnih kartica (umjesto kreditnih) može biti pametan izbor za svakodnevne kupnje jer se time izbjegava stvaranje duga i pripadajuće mu kamate. Debitne kartice omogućuju trošenje novaca koji već imate, čime se izbjegava zaduživanje.

Pažljiv odabir financijskih proizvoda je ključan. Uvijek pažljivo čitajte uvjete i odredbe bilo kojeg financijskog proizvoda, uključujući kreditne kartice, kredite i bankovne račune. Budite posebno oprezni s proizvodima koji nude "beskamatne" periode ili "nagrade" koje mogu dovesti do visokih kamatnih stopa ili naknada nakon isteka promotivnog razdoblja.

Edukacija o financijskim proizvodima i uslugama može vam pomoći da bolje razumijete kako izbjeći nepotrebne kamate i naknade. Ostanite informirani o najnovijim financijskim proizvodima, uslugama i trendovima koji mogu utjecati na vaše financije.

Primjenom ovih strategija možete značajno smanjiti ili čak eliminirati kamate i naknade koje vas koče; čime dozvoljavate vašem novcu da radi za vas na učinkovitiji mogući način.

5. Peta tajna: Optimizacija osobnih financija

Optimizacija osobnih financija ključna je za postizanje financijske stabilnosti i neovisnosti. Jedan od prvih koraka u tom procesu je **stvaranje detaljnog proračuna**. Proračun vam omogućuje jasan uvid u vaše prihode i rashode, što je temelj za donošenje informiranih financijskih odluka. Da biste izradili učinkovit proračun započnite s popisivanjem svih vaših mjesečnih prihoda koji uključuju plaće, bonuse, i bilo koje druge izvore prihoda. Zatim zabilježite sve vaše mjesečne rashode, razvrstavajući ih u kategorije kao što su: stanovanje, hrana, prijevoz, osiguranje i zabava. Ovo će vam pomoći identificirati područja na kojima možete smanjiti troškove.

Smanjenje dugova također igra ključnu ulogu u optimizaciji osobnih financija. Visoki dugovi mogu biti veliko opterećenje za vaše financije zbog kamata i naknada koje se akumuliraju tijekom vremena.

Investiranje je najvažniji aspekt optimizacije osobnih financija. Umjesto da novac držite na tekućem ili štednom računu, gdje generira minimalne ili nikakve kamate, razmislite o ulaganju u dionice, obveznice, investicijske fondove ili *ETF*-ove. Investiranje omogućuje vašem novcu da radi za vas, generirajući potencijalni prihod kroz dividende i kapitalne dobitke. Međutim, važno je napomenuti da svi oblici ulaganja nose određeni rizik, stoga je ključno educirati se i razumjeti svoju toleranciju na rizik prije negoli donesete bilo kakve investicijske odluke.

Edukacija o financijama i investiranju neophodna je za uspješnu optimizaciju osobnih financija. Učenje o osnovama financija, razumijevanje tržišta i upoznavanje s različitim financijskim proizvodima može vam pomoći donijeti informirane odluke koje će pozitivno utjecati na vašu financijsku budućnost. Postoji mnogo resursa dostupnih *online* koji uključuju članke, blogove, *webinare* i tečajeve koji mogu pružiti vrijedne informacije i uvide. Jedan od tih je naš webinar. Pronači će te ga na

https://ulaganje.finplan.hr/evergreen

Primjenom ovih strategija možete postići veću kontrolu nad svojim financijama, smanjiti financijski stres i postaviti čvrste temelje za buduću financijsku sigurnost. Optimizacija osobnih financija zahtijeva vrijeme, disciplinu i kontinuirano učenje, ali uz pravi pristup, postizanje financijske neovisnosti dostižan je cilj.

Praćenje i analiza financijskih navika ključni su za uspješnu optimizaciju osobnih financija. Redovitim pregledom vaših prihoda i rashoda možete identificirati obrasce potrošnje koji možda nisu u skladu s vašim financijskim ciljevima. Korištenje aplikacija za praćenje financija može vam svakako pomoći u održavanju kontrole nad vašim financijama jer vam olakšavaju identifikaciju područja za poboljšanje.

Postavljanje mjesečnih limita za određene kategorije troškova može pomoći u smanjenju nepotrebnih rashoda i povećati štednju.

Povećanje prihoda također može igrati važnu ulogu u optimizaciji vaših financija. Razmislite o dodatnim poslovima, honorarnim poslovima ili mogućnostima za realizaciju pasivnog prihoda koji može uvećati vaš ukupni prihod.

Iskorištavanje poreznih olakšica može značajno doprinijeti vašoj financijskoj dobrobiti. Informirajte se o dostupnim poreznim olakšicama i poticajima koji se mogu primijeniti na vašu situaciju. Na primjer, ulaganje u određene mirovinske fondove ili osiguranja može biti porezno povoljno, što nadalje može rezultirati značajnim uštedama.

Revizija financijskih proizvoda koje koristite može otkriti mogućnosti za smanjenje troškova. Redovito pregledavajte uvjete svojih tekućih računa, kreditnih kartica, osiguranja i drugih financijskih proizvoda kako biste osigurali dobivanje najbolje mogućih uvjeta. Ponekad prebacivanje na drugog pružatelja usluga ili pregovaranje o boljim uvjetima može dovesti do značajnih ušteda.

Izgradnja hitnog fonda esencijalna je za financijsku stabilnost. Hitni fond trebao bi biti dovoljno velik da pokrije najmanje tri do šest mjeseci životnih troškova u slučaju neočekivanih događaja kao što su bolest ili gubitak posla. Započnite s malim iznosima i postupno povećavajte svoj hitni fond dok ne dostignete željeni iznos.

Dugoročno planiranje uključuje postavljanje i praćenje ciljeva kao što su mirovina, obrazovanje djece ili kupnja nekretnine. Razmislite o korištenju financijskih kalkulatora ili o savjetovanju s financijskim savjetnikom kako biste razvili plan koji će vam pomoći u ostvarenju ovih ciljeva.

Primjenom ovih strategija možete dodatno optimizirati svoje osobne financije, povećati svoju financijsku sigurnost i postaviti čvrste temelje za budućnost. Važno je zapamtiti da je financijska optimizacija kontinuirani proces koji iziskuje redovitu prilagodbu jer ona kao takva može osigurati vašim financijskim strategijama usklađenost s promjenjivim životnim okolnostima i ciljevima.

Postavljanje jasnih financijskih ciljeva

Postavljanje jasnih financijskih ciljeva temelj je za održavanje kontrole nad vašim novcem i ključan je korak prema financijskoj neovisnosti. Da biste uspješno postavili i ostvarili svoje financijske ciljeve važno je slijediti strukturirani pristup koji uključuje: definiranje ciljeva, planiranje, praćenje napretka i prilagodbu strategije prema potrebi.

Definiranje ciljeva započinje razumijevanjem vaših dugoročnih i kratkoročnih financijskih želja. Dugoročni ciljevi mogu uključivati osiguranje za mirovinu, kupnju nekretnine ili financiranje obrazovanja djece. Kratkoročni ciljevi mogu biti izgradnja hitnog fonda, otplata dugova ili štednja za odmor. Važno je da su ciljevi specifični, mjerljivi, ostvarivi, relevantni i vremenski ograničeni (SMART).

Planiranje uključuje razvoj strategije kojom će se ostvariti postavljeni ciljevi. To može uključivati izradu detaljnog proračuna, automatsku štednju, investiranje ili restrukturiranje dugova.

Praćenje napretka ključno je za zadržavanje i održavanje fokusa nad vašim financijskim ciljevima. To uključuje redovito pregledavanje vaših financija, uspoređivanje stvarnih rezultata s planiranim te prilagodbu vašeg proračuna ili investicijske strategije prema potrebi. Aplikacije za upravljanje financijama mogu biti korisne za praćenje vaših prihoda, rashoda i investicija.

Prilagodba strategije može biti potrebna kada se suočite s neočekivanim financijskim promjenama ili kada vaši financijski ciljevi evoluiraju. To može uključivati reviziju vaših investicijskih portfelja, prilagodbu vaših štednih planova ili preispitivanje vaših dugoročnih financijskih ciljeva. Fleksibilnost i spremnost na prilagodbu ključni su za uspješno upravljanje financijama.

Edukacija o financijama i investiranju igra važnu ulogu u postavljanju i ostvarenju financijskih ciljeva. Razumijevanje osnovnih financijskih principa, kao što su složene kamate, diversifikacija portfelja i upravljanje rizikom, omogućit će vam donijeti informirane financijske odluke.

Primjenom ovih se koraka mogu postaviti jasni financijski ciljevi koji vam nude mogućnost kontrole vašeg novca te vas usmjeravaju prema financijskoj neovisnosti. Važno je zapamtiti da je financijsko planiranje kontinuirani proces koji zahtijeva redovitu pažnju i prilagodbu jer time osigurava vašim financijskim strategijama da ostanu usklađene s vašim promjenjivim životnim okolnostima i ciljevima.

Umanjeni troškovi ne znače smanjenu kvalitetu života

Smanjenjem troškova, a da se pri tom ne umanji kvaliteta života, može se činiti izazovnim zadatkom koji se, uz prave strategije i uz promišljeni pristup, može postići, čime se postižu i značajne uštede. Jedan od ključnih koraka u ovom procesu jest **analiza**

trenutnih troškova. Pregledajte svoje mjesečne račune i identificirajte područja na kojima možete smanjiti troškove. Na primjer, pregledajte račune za struju i razmislite o promjeni pružatelja usluga ukoliko pronađete povoljnije opcije. Također, razmotrite mogućnost prelaska na ekonomičnije tarife za mobilne telefone ili internet.

Optimizacija potrošnje energije u domaćinstvu može rezultirati značajnim uštedama. Investiranje u energetski učinkovite uređaje, korištenje LED žarulja, kao i poboljšana izolacija vašeg doma, mogu smanjiti račune za struju. Dodatno, svjesno upravljanje potrošnjom energije, poput isključivanja uređaja iz utičnice kada nisu u upotrebi, može dodatno smanjiti troškove.

Revizija pretplata još je jedan važan korak. Mnogi ljudi plaćaju pretplate koje rijetko koriste, bilo da se radi o *streaming* servisima, časopisima ili teretanama. Pažljivo razmotrite koje pretplate zaista koristite i odustanite od onih koje nisu neophodne.

Pametna kupovina također igra ključnu ulogu u smanjenju troškova. Korištenje kupona, praćenje rasprodaja te kupovina u velikim pakiranjima može smanjiti troškove hrane i kućnih potrepština. Planiranje obroka unaprijed i izbjegavanje impulzivne kupnje može pomoći u smanjenju stvaranja otpada kao i nepotrebnih troškova.

Dijeljenje troškova s drugima može biti korisno, posebno kada je riječ o visokim troškovima poput stanarine ili putovanja. Razmislite o *carpooling*u kao načinu smanjenja troškova prijevoza ili o zajedničkom stanovanju kako biste podijelili troškove stanarine i režija.

Samostalno obavljanje poslova, koje biste inače plaćali drugima, može donijeti značajne uštede. Na primjer, samostalno obavljajte kućanske popravke, uređujte vrt ili perite automobil umjesto toga da koristite usluge koje plaćate.

Korištenje besplatnih resursa i aktivnosti može obogatiti vaš život bez dodatnih troškova. Posjetite lokalne parkove, koristite javne knjižnice i sudjelujte u besplatnim događanjima u vašoj zajednici.

Primjenom ovih strategija moguće je smanjiti troškove, a da se pri tom ne žrtvuje kvaliteta života. Ključ je u promišljenom pristupu potrošnji i traženju kreativnih načina za maksimiziranje vrijednosti za uloženi novac. Vremenom, ove uštede mogu doprinijeti većoj financijskoj stabilnosti jer vam omogućuju usmjeriti veću količinu novaca prema ostvarenju vaših financijskih ciljeva.

Štednja: temelj financijskog blagostanja i automatizacija

Automatizacija štednje ključna je za izgradnju financijskog blagostanja bez potrebe za stalnim nadzorom financijskih odluka. Postavljanjem automatskih transfera s tekućeg računa na štedni račun, ili investicijski portfelj, osiguravate da se štednja redovito i dosljedno vrši, bez potrebe za svakodnevnim podsjetnicima ili odlukama. Ova metoda omogućuje vašem novcu rast, koji se, dakako akumulira uz moći složenih kamata koje su jedan od najučinkovitijih načina za akumulaciju financijskog blagostanja.

Automatizacija štednje također smanjuje iskušenje potrošnje novaca koji bi inače bio namijenjen štednji. Kada se novac automatski prenosi na štedni ili investicijski račun manje je vjerojatno da ćete ga potrošiti na nepotrebne stvari, čime se povećava vaša ukupna financijska stabilnost i sigurnost.

Osim toga, automatizacija investiranja može pomoći u diversifikaciji vašeg portfelja i u smanjenju rizika. Redovitim ulaganjem malih iznosa koristite strategiju poznatu kao prosječno troškovno ulaganje (*dollar-cost averaging*) koja može smanjiti utjecaj volatilnosti tržišta na investicije. Ova strategija omogućava kupnju većeg broja dionica kada su cijene niske i manjeg broja kada su cijene visoke, što može rezultirati povoljnijim prosječnim troškom po dionici tijekom vremena.

Za uspješnu automatizaciju štednje i investiranja važno je odabrati prave financijske instrumente koji odgovaraju vašim ciljevima i toleranciji na rizik. To može uključivati štedne račune s visokim kamatnim stopama, državne obveznice, indeksne fondove ili *ETF*-ove. Ključno je, također, redovito pregledavati i prilagođavati svoje financijske planove kako biste ostali usklađeni s vašim dugoročnim financijskim ciljevima.

Implementacijom ovih strategija postavljate temelje za ostvarenje svojeg financijskog blagostanja.

Praćenje prihoda i rashoda

Praćenje prihoda i rashoda može se činiti kao zahtjevan zadatak, no postoji nekoliko jednostavnih metoda koje vam mogu pomoći da ostanete na pravom putu. Prvi korak pri efikasnom upravljanju vašim financijama jest uspostavljanje jasnog i preciznog sustava za praćenje svih vaših financijskih transakcija.

Korištenje aplikacija za upravljanje financijama jedan je od najučinkovitijih načina za praćenje prihoda i rashoda. Postoji mnogo aplikacija koje automatski kategoriziraju vaše transakcije i pružaju detaljan pregled vaših financija u stvarnom vremenu. Ove aplikacije često nude mogućnost postavljanja proračuna za različite kategorije troškova, što vam omogućuje lakše uvidjeti gdje možete smanjiti troškove.

Vođenje tablice proračuna u *Excelu* ili *Google Sheets*u popularne su metode. Možete stvoriti prilagođene kategorije za prihode i rashode te redovito ažurirati tablicu s novim transakcijama. Ova metoda zahtijeva malo više ručnog rada, ali pruža fleksibilnost u analizi i prilagodbi vaših financijskih planova.

Postavljanje automatskih obavijesti za plaćanja i dugove može vam pomoći u izbjegavanju kašnjenja i stvaranju nepotrebnih troškova. Mnoge banke i financijske institucije nude ovu uslugu besplatno. Automatizacijom plaćanja osiguravate da vam računi budu plaćeni na vrijeme, što vam pomaže u održavanju dobrog kreditnog rejtinga.

Pregled bankovnih izvoda na mjesečnoj bazi ključan je za identifikaciju nepotrebnih troškova ili grešaka u naplati. Ovo također pruža priliku za reviziju vaših financijskih navika i prilagodbu proračuna prema potrebi.

Korištenje kuverti za gotovinske troškove može biti korisno za one koji preferiraju fizički osjećaj novca. Ova metoda uključuje raspodjelu gotovine u označene kuverte za različite kategorije troškova (npr. hrana, zabava, prijevoz). Kada kuverta postane prazna to je znak da je potrebno prestati trošiti u toj kategoriji do sljedećeg ciklusa proračuna.

Postavljanje financijskih ciljeva i redovito praćenje napretka prema tim ciljevima može vas motivirati da ostanete na pravom putu. Jasni vam ciljevi omogućuju uvidjeti na koji način vaše financijske odluke doprinose vašim dugoročnim ambicijama.

Ključ uspješnog praćenja prihoda i rashoda leži u dosljednosti i prilagodbi. Nemojte se obeshrabriti ako na početku činite greške; ili ukoliko otkrijete da vam proračun zahtijeva prilagodbu. Financijsko planiranje je dinamičan proces koji se razvija u korak s vašim promjenjivim životnim okolnostima i ciljevima. Redovitim praćenjem i analizom vaših financija postavljate temelje za zdrave financijske navike koje će vam omogućiti postizanje financijske stabilnosti i neovisnosti.

Proračun kao alat za ostvarenje financijske slobode

Kreiranje efikasnog proračuna

Proračun je alat za ostvarenje financijske slobode. Kada govorimo o uspostavljanju efikasnog proračuna ne govorimo tu samo o brojkama, radi se tu o postavljanju prioriteta i donošenju odluka koje odražavaju vaše najvažnije financijske ciljeve. Da biste kreirali proračun koji, ne samo da prati vaše prihode i rashode, već i potiče financijsku slobodu, ključno je razumjeti kako svaka stavka u vašem proračunu doprinosi vašim dugoročnim ciljevima.

Na primjer, razmotrimo uspostavljanje fonda za hitne slučajeve. Ako je vaš cilj imati fond za hitne slučajeve od 10.000 eura u roku od 12 mjeseci, vaša mjesečna štednja trebala bi dosezati približni ulog od 833 eura.

Dalje, razmotrimo ulaganje kao dio vašeg proračuna. Ulaganje, čak i u malim iznosima, može imati značajan utjecaj na vašu financijsku budućnost zahvaljujući moćima složenih kamata. Važno je također razumjeti kako smanjenje raznih troškova može osloboditi dodatna sredstva za štednju i ulaganje. Uvidom u svoje mjesečne troškove možda ćete otkriti da možete smanjiti ili eliminirati određene nepotrebne troškove. Na primjer, ako trošite 300 eura mjesečno na pretplate koje rijetko koristite, razmislite o otkazivanju tih usluga. Ušteda od 300 eura mjesečno može se preusmjeriti u vaš fond za hitne slučajeve ili investicijski račun koji dodatno povećava vaš financijski rast.

Kreiranje efikasnog proračuna, također, znači prilagodbu vaših financijskih planova kako se vaše financijske okolnosti mijenjaju. Redovita revizija vašeg proračuna, barem jednom kvartalno, osigurava da vam financijski planovi ostanu usklađeni s vašim trenutnim prihodima, rashodima i financijskim ciljevima. Tijekom ovih revizija možete prilagoditi svoje štedne i investicijske ciljeve, kao i revidirati svoje troškove, kako biste osigurali maksimiziranje svog financijskog potencijala.

U konačnici, kreiranje efikasnog proračuna zahtijeva predanost, disciplinu i spremnost na prilagodbu. Postavljanjem jasnih financijskih ciljeva, redovitim praćenjem vaših prihoda i rashoda te prilagodbom vaših financijskih planova, ovisno o tome kako se vaše okolnosti mijenjaju, možete postaviti čvrste temelje za financijsku slobodu. Pravim koracima i strategijama upravljanje proračunom može postati snažan alat u ostvarenju vaših financijskih ciljeva; u izgradnji vašeg financijskog blagostanja.

6. Šesta tajna Financijsko planiranje za budućnost

Planiranje mirovine ključan je korak za ostvarenje financijske stabilnosti u kasnijim godinama života. Razumijevanje principa kako maksimizirati doprinose u mirovinskom fondu te kako iskoristiti porezne olakšice značajno može povećati vašu mirovinsku štednju. **Mirovinski fondovi** nude različite opcije ulaganja.

Osiguranje igra ključnu ulogu u zaštiti vaše imovine i financijske budućnosti. Odabir prave vrste osiguranja, bilo da je riječ o životnom osiguranju, osiguranju imovine ili osiguranju od odgovornosti može vam pomoći zaštititi financijske interese i osigurati stabilnost za sebe i svoju obitelj. Razumijevanje uvjeta i pokrivenosti osiguranja te kako osiguranje može služiti kao alat za upravljanje rizikom jest ključno za efikasno financijsko planiranje.

Investiranje u vašu financijsku budućnost ne završava samo ulaganjem u mirovinske fondove i osiguranja. Diversifikacija vašeg investicijskog portfelja putem ulaganja u različite klase imovine koji uključuje nekretnine, plemenite kovine, a možda čak i kriptovalute, može pomoći u smanjenju ukupnog rizika kao i u postizanju stabilnijih povrata. Pravilno razumijevanje svake investicijske klase, njezinih rizika i potencijalnih povrata, ključno je za izgradnju portfelja koji odgovara vašim financijskim ciljevima i toleranciji na rizik.

Porezna optimizacija još je jedan važan aspekt financijskog planiranja za budućnost. Iskorištavanje poreznih olakšica, kao što su olakšice za doprinose u mirovinski fond, mogu značajno smanjiti vaš porezni teret i povećati vašu neto vrijednost. Razumijevanje principa kako različite investicije i financijske odluke utječu na vašu poreznu situaciju može vam svakako pomoći pri donošenju informiranih odluka koje maksimiziraju vaše financijske resurse.

Nasljedno planiranje ključno je osiguranje imovine za koju biste željeli da bude raspodijeljena prema vašim željama nakon vaše smrti. Uspostavljanje testamenta, povjerenja ili drugih pravnih instrumenata može pomoći u zaštiti vaše imovine te može osigurati financijsku sigurnost vašim nasljednicima. Savjetovanje s pravnim stručnjakom za nasljedno planiranje može osigurati vašu želju; a ta je da vaši financijski planovi budu provedeni kako ste zamislili.

Važnost ranog planiranja za mirovinu

Razumijevanje i iskorištavanje **poreznih olakšica** može biti ključno za maksimiziranje vaše mirovinske štednje. U Hrvatskoj, primjerice, postoji mogućnost odbitka doprinosa za mirovinsko osiguranje od porezne osnovice, što može rezultirati značajnim uštedama.

Ako, na primjer, godišnje uplatite 12.000 eura u treći mirovinski stup i nalazite se u poreznom razredu od 25%, vaša godišnja ušteda na porezu mogla bi iznositi 3.000 eura.

Diversifikacija investicijskog portfelja za mirovinu još je jedan važan aspekt. Ne stavljajte sve svoje resurse u jednu vrstu investicije. Razmotrite širok spektar opcija.

Osiguranje, kao dio vašeg financijskog planiranja za mirovinu, može pružiti dodatnu sigurnost. Životno osiguranje osigurava vašim nasljednicima zaštitu, dok osiguranje od odgovornosti može zaštititi vašu imovinu od potencijalnih pravnih zahtjeva. Važno je odabrati pravu vrstu i iznos osiguranja koji odgovara vašim potrebama i financijskoj situaciji.

Nasljedno planiranje ključno je jer nudi tu sigurnost da imovina bude raspodijeljena prema vašoj želji. Uspostavljanje testamenta ili povjerenja može pomoći u izbjegavanju kompliciranih pravnih postupaka te vam isto tako može osigurati to da vam imovina bude zaštićena i pravilno upravljana.

Mirovinski fondovi i njihova iskoristivost

Mirovinski fondovi predstavljaju jedan od temeljnih stupova financijskog planiranja za mirovinu jer pojedincu omogućuju akumulirati sredstva koja će mu pružiti financijsku sigurnost u kasnijim godinama života. Razumijevanje različitih vrsta mirovinskih fondova, i kako ih najbolje iskoristiti, može biti ključno za maksimiziranje vaše mirovinske štednje. Postoje tri osnovna tipa mirovinskih fondova: obveznički, dionički i mješoviti fondovi. Svaki od spomenutih fondova ima svoje specifične karakteristike, rizike i potencijalne povrate. Važno je odabrati one koji najbolje odgovaraju vašim financijskim ciljevima i toleranciji na rizik.

Obveznički fondovi ulažu primarno u državne i korporativne obveznice te su obično manje rizični od dioničkih fondova. Nude stabilnije povrate, ali obično s nižim potencijalnim prinosom.

Dionički fondovi ulažu u dionice poduzeća s ciljem ostvarenja rasta kapitala, što ih čini rizičnijima, ali s većim potencijalom za visoke povrate.

Mješoviti fondovi kombiniraju elemente oba tipa, ulažu i u obveznice i u dionice, čime se nastoji postići rebalans između rizika i povrata. Izbor prave vrste mirovinskog fonda ovisi o vašem vremenskom horizontu ulaganja, financijskim ciljevima i toleranciji na rizik. Mlađi pojedinci, koji imaju više vremena do mirovine, mogu birati dioničke fondove zbog većeg potencijala za rast, dok oni bliže mirovini mogu odabrati obvezničke fondove zbog njihove stabilnosti.

Strategija ulaganja koja se često preporučuje je postupno prebacivanje sredstava iz rizičnijih dioničkih fondova u manje rizične obvezničke fondove kako se približavate mirovini. Ova strategija, poznata kao *glajding putanja*, pomaže u smanjenju rizika od velikih tržišnih fluktuacija koje bi mogle negativno utjecati na vašu mirovinsku štednju uoči mirovine.

Važno je redovito pratiti i prilagođavati svoj mirovinski portfelj kako bi se osiguralo da on ostane usklađen s vašim financijskim ciljevima i promjenama na tržištu. Navedeno uključuje reviziju raspodjele imovine u vašem portfelju i, ako je potrebno, izvršiti rebalans kako bi se održala željena razina rizika i izloženost različitim vrstama imovine.

Korištenje mirovinskih fondova kao sastavnog dijela vašeg financijskog planiranja za mirovinu nudi vam mogućnost ostvarenja značajne mirovinske štednje. Međutim, ključno je aktivno upravljati i prilagoditi svoje ulaganje kako bi se maksimizirali povrati i minimizirali rizici. Uključivanje stručnjaka za financijsko savjetovanje može vam pružiti dodatnu vrijednost, nudeći stručne savjete i pomoć u navigaciji kroz složeno financijsko planiranje za mirovinu. Ugovorite besplatni sastanak sa našim stručnjakom sada. Kliknite ovdje

https://ulaganje.finplan.hr/from-qr

Investiranje u financijsku budućnost

Investiranje u vašu financijsku budućnost zahtijeva razumijevanje i primjenu različitih strategija koje mogu maksimizirati vaše financije i time osigurati financijsku sigurnost. Jedan od ključnih aspekata ovog procesa je **porezna optimizacija** koja može imati značajan utjecaj na vašu ukupnu financijsku sliku. Iskorištavanje poreznih olakšica, i razumijevanje principa na koji način različite investicije utječu na vašu poreznu obvezu, može vam pomoći zadržati veći dio vaših, teško zarađenih, novaca. Na primjer, ulaganje u mirovinske fondove koji nude porezne olakšice može biti izuzetno korisno.

Nasljedno planiranje još je jedan važan element financijskog planiranja za budućnost. Uspostavljanje jasnog i pravno valjanog plana za raspodjelu vaše imovine osigurava vama, pa time i vašoj imovini, da bude raspodijeljena prema vašim željama čime vaši nasljednici neće biti opterećeni nepotrebnim poreznim teretima ili pravnim sporovima.

Spomenuto uključuje podrobno razumijevanje mehanizama i načina kako različiti oblici imovine i investicija mogu biti oporezovani nakon vaše smrti te vam isto tako nude razumijevanje postupka kako pravilno strukturirati vašu imovinu da biste minimizirali porezne obveze.

Financijska tržišta dinamična su i uvijek se mijenjaju, stoga je važno biti informiran o novim trendovima, prilikama za ulaganje i potencijalnim rizicima. To uključuje redovito praćenje vašeg portfelja kao i prilagođavanje vaše strategije ulaganja da bi odražavala trenutne tržišne uvjete i vaše osobne financijske ciljeve. Ovo može uključivati rebalans vašeg portfelja kako biste se osigurali da je vaša alokacija imovine usklađena s vašom tolerancijom na rizik i vremenskim horizontom ulaganja.

Diversifikacija investicijskog portfelja još je jedna važna strategija koja može pomoći u smanjenju rizika i postizanju stabilnijih povrata. To znači ulaganje u širok raspon različitih vrsta imovine, uključujući dionice, obveznice, nekretnine i alternativne investicije. Diversifikacija može pomoći u ublažavanju utjecaja negativnih tržišnih kretanja na vaš portfelj. Može vam, isto tako, pružiti sigurnost da jedan loš investicijski izbor neće imati velikog utjecaja na vaše ukupne financije.

Investiranje u plemenite kovine, kao što su zlato i srebro, može pružiti dodatnu razinu sigurnosti i zaštitu od inflacije. Plemenite kovine tradicionalno služe kao sigurno utočište u vremenima ekonomske neizvjesnosti i mogu pružiti stabilnost vašem portfelju u turbulentnim vremenima. Međutim, važno je razumjeti volatilnost ovih tržišta i pravilno odrediti koliki udio vašeg portfelja treba biti alociran u plemenite kovine.

Osiguranje za zaštitu imovine

Osiguranje predstavlja ključni element u zaštiti vaše imovine i prilikom osiguravanja financijske stabilnosti. U svijetu punom neizvjesnosti, osiguranje nudi sigurnosnu mrežu koja može umanjiti financijske udarce uzrokovane nepredviđenim događajima kao što su bolest, nesreće, prirodne katastrofe ili krađa. Osiguranje za zaštitu vaše imovine zahtijeva detaljnu analizu vaših financijskih potreba i potencijalnih rizika s kojima se možete suočiti.

Prvi korak u korištenju osiguranja kao alata za zaštitu imovine je procjena vaše trenutne financijske situacije i identifikacija ključnih rizika. To uključuje razmatranje vrijednosti vaše imovine, kao i potencijalnih izvora financijskih gubitaka. Na primjer, ako posjedujete nekretninu razmotrite osiguranje od požara i poplava. Za automobile, osiguranje od odgovornosti i kasko osiguranje mogu pokriti štetu na vozilu i štetu nanijetu trećim osobama.

Formuliranje adekvatne police osiguranja zahtijeva razumijevanje različitih vrsta pokrića koje osiguravajuće kuće nude. Na primjer, životno osiguranje može osigurati financijsku sigurnost vašoj obitelji u slučaju vašeg preranog odlaska, dok osiguranje od odgovornosti može zaštititi vašu imovinu od potraživanja trećih strana u slučaju nesreće za koju ste odgovorni. Važno je odabrati pravu kombinaciju pokrića koja odgovara vašim potrebama i financijskim mogućnostima.

Jedan od ključnih aspekata učinkovite upotrebe osiguranja za zaštitu imovine je razumijevanje uvjeta i izuzeća u vašoj polici. To uključuje detaljno čitanje ugovora o osiguranju i postavljanja pitanja vašem osiguravatelju kako biste bili sigurni da razumijete koje situacije su pokrivene, a koje nisu. Na primjer, neka osiguranja od prirodnih katastrofa mogu zahtijevati dodatne premije ili posebne uvjete za pokriće određenih rizika.

Osim toga, redovito revidiranje vaše police osiguranja i prilagodba pokrića vašim promjenjivim financijskim okolnostima ključno je za održavanje adekvatne zaštite. Kako vaša financijska situacija raste i razvija se, sukladno bi tome i vaša zaštita, također, trebala rasti. Pod zaštitom se u ovome slučaju podrazumijeva: povećanje iznosa pokrića ili dodavanje novih vrsta osiguranja kako bi se osigurala sveobuhvatna zaštita imovine.

Uložiti u osiguranje znači uložiti u vašu financijsku sigurnost. Iako plaćanje premija može predstavljati trenutni financijski teret, potencijalne dugoročne uštede u slučaju nepredviđenih događaja mogu znatno nadmašiti početne troškove. Pravilno strukturirana polica osiguranja može pružiti mir umu znajući da ste zaštitili svoju imovinu i osigurali financijsku stabilnost za sebe i svoju obitelj. Razumijevanje i iskorištavanje osiguranja kao alata za zaštitu imovine zahtijeva pažljivo planiranje i informiranost te je neophodno onome tko teži dugoročnoj financijskoj sigurnosti i stabilnosti.

7. Sedma tajna: Zaštita vašeg financijskog blagostanja/vaših financija

Pravne strategije očuvanja financija

Zaštita vaših financija ne završava samo na diversifikaciji portfelja i investiranju u plemenite kovine.

Pravne strategije za očuvanje financija igraju ključnu ulogu u osiguranju vašeg financijskog naslijeđa da ono ostane zaštićeno i da se prenosi na sljedeće generacije na najefikasniji način. Jedan od načina za postizanje navedenoga je uspostavom **povjerenja** ili **obiteljskog fonda**.

Povjerenje može pružiti kontrolu nad načinom i vremenom distribucije vaših sredstava jer vam omogućuje minimiziranje porezne obveze i zaštitu imovine od pravnih sporova.

Uspostava **povjerenja** ili **obiteljskog fonda** ne predstavlja samo pitanje očuvanja financijskog blagostanja za buduće generacije, već predstavlja i način minimiziranja poreznih obveza i zaštite imovine od potencijalnih pravnih sporova. Povjerenje omogućava prenošenje imovine na određene korisnike na kontroliran i efikasan način, često uz značajne porezne prednosti. Na primjer, povjerenje može biti dizajnirano tako da isplati sredstva korisnicima pod određenim uvjetima ili u određenom vremenskom okviru, što omogućava osnivaču povjerenja utjecati na upravljanje imovinom čak i nakon smrti.

Porezna optimizacija još je jedan ključan element u zaštiti vaših financija. Razumijevanje postupaka kojima se strukturiraju investicije i imovina može značajno smanjiti vašu poreznu izloženost.

Korištenjem **kapitalnih dobitaka**, umjesto dohotka od kamata, možete iskoristiti niže porezne stope. Također, iskorištavanje godišnjih poreznih olakšica i doprinosa u mirovinske sheme može dodatno smanjiti vašu poreznu obvezu. Na primjer, ulaganje u mirovinske fondove, koji nude porezne olakšice, može smanjiti vašu poreznu osnovicu i povećati vaše dugoročno financijsko blagostanje.

Nasljedno planiranje ključno je osiguranje vaše imovine. Navedenim ste osiguranjem sigurni da će vaša imovina biti raspodijeljena prema vašim željama, a ne prema zakonu koji možda ne odražava vaše osobne preferencije. Izrada testamenta i drugih pravnih dokumenata osiguravaju da se vaša volja ispoštuje te da vaša imovina ode u prave ruke.

Osim toga, nasljedno planiranje može pomoći u izbjegavanju dugotrajnih i skupih pravnih bitaka koje mogu proizaći ukoliko vaše želje nisu jasno dokumentirane.

Ulaganje u **mirovinske fondove** ili **životna osiguranja** s poreznim olakšicama može smanjiti vašu poreznu osnovicu. Također, korištenje **darovnica** kao načina prijenosa imovine može pomoći u izbjegavanju visokih poreza na nasljedstvo.

Zaštita vaših financija zahtijeva kontinuiranu pažnju i prilagodbu vašeg financijskog plana promjenama u zakonodavstvu i vašem osobnom životu. Redoviti pregledi, uz pomoć financijskog savjetnika, mogu osigurati vašim financijskim strategijama da one kao takve ostanu usklađene s vašim ciljevima te da se, isto tako, maksimalno iskorištavaju dostupne pravne i porezne strategije za očuvanje vaših financija. Razumijevanje i primjena ovih strategija može vam pomoći osigurati financijsko blagostanje koje ste naporno stekli kako bi ostalo zaštićeno te da se prenosi na sljedeće generacije na najučinkovitiji mogući način.

Porezna optimizacija

Kad govorimo o poreznoj optimizaciji ne govorimo tu samo o smanjenju trenutne porezne obveze; riječ je tu i o strateškom planiranju kako bi se maksimizirala ukupna vrijednost vašeg portfelja na dugi period. Jedan od ključnih aspekata ove strategije je razumijevanje i iskorištavanje **poreznih olakšica** koje su vam dostupne. Na primjer, ulaganje u određene vrste mirovinskih fondova može vam omogućiti odgodu plaćanja poreza ili vas čak potpuno osloboditi od poreza na dobitke, sve dok se sredstva ne povuku u mirovini.

Kapitalni dobitci još su jedno područje gdje strateško planiranje može značajno smanjiti poreznu obvezu. Kapitalni dobitak ostvaruje se kada prodajete imovinu, poput dionica ili nekretnina, za višu cijenu od one po kojoj ste je kupili. Porez na kapitalne dobitke često je niži od poreza na dohodak, posebno ako imovinu držite duže od određenog vremenskog razdoblja. Strateško planiranje prodaje imovine kako bi se kvalificirali za niže stope poreza na kapitalne dobitke može značajno utjecati na vašu ukupnu poreznu obvezu.

Za one koji ulažu u nekretnine **deprecijacija** može poslužiti kao moćan alat za poreznu optimizaciju. Deprecijacija vam omogućuje smanjiti prijavljeni dohodak od iznajmljivanja nekretnine, uzimajući u obzir trošak trošenja nekretnine tijekom vremena. Ovo može značajno smanjiti vašu poreznu obvezu, povećavajući vaš neto prihod od investicije u nekretnine.

Osim toga, razumijevanje **poreznih gubitaka** može vam pomoći u upravljanju vašim investicijama na način na koji se minimizira porezna obveza. Porezni gubitak nastaje kada prodajete imovinu za manju cijenu od njene nabavne vrijednosti. Ovi gubici mogu se koristiti za neutralizaciju kapitalnih dobitaka iz drugih investicija smanjujući ukupnu poreznu obvezu. Strateška prodaja imovine koja je izgubila na vrijednosti može biti korisna u godinama kada ostvarujete značajne kapitalne dobitke.

Korištenje **darovnica** za prijenos imovine na članove obitelji ili dobrotvorne organizacije može također pružiti porezne olakšice. Darovnice omogućuju umanjenje vrijednosti vaše imovine koja bi mogla biti podložna porezu na nasljedstvo, a istovremeno pruža podršku onima kojima želite pomoći. Postoje specifični godišnji i doživotni limiti za iznose koji se mogu darovati bez stvaranja porezne obveze, stoga je važno razumjeti ove granice prilikom planiranja darovnica.

Za postizanje maksimalne efikasnosti, porezna optimizacija zahtijeva kontinuirano praćenje i prilagodbu vašeg financijskog plana promjenama u zakonodavstvu i vašoj osobnoj financijskoj situaciji. Redoviti razgovori s poreznim savjetnikom ili financijskim planerom mogu vam pomoći identificirati nove prilike za smanjenje porezne obveze. Razumijevanje i primjena ovih principa može vam pomoći da maksimizirate svoje bogatstvo i osigurate financijsku sigurnost za vas i vašu obitelj.

Nasljedno planiranje

Nasljedno planiranje predstavlja ključan korak u zaštiti i prijenosu vašeg imanja na buduće generacije. Ovaj proces uključuje različite strategije i alate pravne prirode koji osiguravaju da se vaša imovina raspodijeli u skladu s vašim željama, uz minimiziranje poreznih obveza. Jedan od temeljnih alata u nasljednom planiranju jest izrada testamenta, dokumenta koji detaljno opisuje kako želite da se vaša imovina raspodijeli nakon vaše smrti. Testament vam omogućuje jasno izraziti svoje želje. Testament vam, također, nudi sigurnost da se vaša imovina prenese na način na koji ste zamislili.

Osim testamenta postoji niz drugih pravnih instrumenata koji se mogu koristiti za efikasno nasljedno planiranje. Jedan od njih su povjerenja koja omogućuju da se imovina prenese na korisnike uz dodatne uvjete koje određuje osnivač povjerenja. Povjerenja mogu biti korisna u situacijama u kojima želite osigurati financijsku podršku za određene članove obitelji, kao što su maloljetna djeca, ili u slučajevima gdje želite ograničiti pristup sredstvima do određenog životnog događaja ili dobi.

Za efikasno nasljedno planiranje ključno je razumijevanje poreznih implikacija povezanih s prijenosom imovine. U mnogim jurisdikcijama nasljedstvo i darovi mogu biti podložni visokim porezima, što može značajno smanjiti vrijednost imovine koja se prenosi na sljedeće generacije. Korištenjem pravnih strategija kao što su darovnice možete iskoristiti godišnje porezne olakšice i smanjiti ukupni porezni teret. Darovnice omogućuju prijenos imovine na članove obitelji ili dobrotvorne organizacije tijekom vašeg života, često uz značajne porezne prednosti.

Jedan od aspekata nasljednog planiranja, koji se često previdi, jest potreba za fleksibilnošću i prilagodljivošću. Vaša financijska situacija, kao i zakonodavni okvir, mogu se promijeniti, stoga je važno redovito pregledavati i ažurirati vaše nasljedno planiranje kako biste se osigurali da ono i dalje odgovara vašim željama i trenutnim zakonskim zahtjevima.

U kontekstu nasljednog planiranja važno je, također, razmotriti ulogu životnog osiguranja kao alata za financijsku zaštitu vaše obitelji. Životno osiguranje može pružiti sredstva koja će pomoći u pokrivanju dugova, poreza na nasljedstvo i drugih troškova i time osigurati da vaša obitelj ostane financijski stabilna nakon vašeg odlaska. Pravilno strukturirana polica životnog osiguranja može biti ključna komponenta sveobuhvatnog nasljednog plana.

Strateškim nasljednim planiranjem možete osigurati to da vaše bogatstvo služi kao temelj za financijsku sigurnost i prosperitet vašim nasljednicima. Uz pažljivo razmatranje, i pravilnu implementaciju, nasljedno vam planiranje omogućuje ostaviti trajni trag u doprinosu blagostanja budućim pokoljenjima.

8. Kako dalje: Napredne financijske strategije

Razvoj naprednih financijskih strategija zahtijeva duboko razumijevanje i primjenu složenih financijskih instrumenata i tehnika. Jedan od ključnih elemenata u ovom procesu je **upravljanje portfeljem**. Upravljanje portfeljem ne odnosi se samo na diversifikaciju, već i na prilagodbu vašeg portfelja sukladno promjenama na tržištu; kao i vašim osobnim financijskim ciljevima. To uključuje redovito revidiranje i rebalans portfelja kako bi se osiguralo da vaša ulaganja ostanu usklađena s vašom tolerancijom na rizik i vremenskim horizontom ulaganja.

Hedging još je jedna napredna strategija koja se koristi za smanjenje rizika. *Hedging* može uključivati korištenje derivata kao što su opcije i *futures* ugovori za zaštitu portfelja od negativnih tržišnih kretanja. Na primjer, ako posjedujete dionice od kojih očekujete rast, ali ste zabrinuti za kratkoročne padove, možete kupiti **put opciju** kao osiguranje protiv potencijalnog pada cijene dionica.

Leverage ili korištenje zaduživanja za povećanje potencijalnog povrata ulaganja, može biti izuzetno profitabilan, ali i rizičan. Iako *leverage* može značajno povećati vaše povrate, također povećava potencijalne gubitke, stoga je ključno pažljivo upravljati ovom strategijom.

Alternativna ulaganja; kao što su privatni kapital, *hedge* fondovi, nekretnine i umjetnine, mogu pružiti dodatnu diversifikaciju i potencijal za visoke povrate. Međutim, ova ulaganja često dolaze s većim rizikom i manjom likvidnošću, što zahtijeva temeljito razumijevanje i analizu prije ulaganja.

Porezna efikasnost je ključna u maksimiziranju povrata nakon poreza. To uključuje strategije kao što su iskorištavanje poreznih olakšica, odabir porezno efikasnih investicijskih vozila i pravovremeno realiziranje kapitalnih dobitaka i gubitaka. Na primjer, ulaganje duže od godinu dana obično rezultira nižom stopom poreza na kapitalne dobitke u mnogim jurisdikcijama.

Globalno ulaganje nudi pristup rastućim tržištima i sektorima koji možda nisu dostupni na domaćem tržištu. Međutim, to također uključuje dodatne rizike koji uključuju valutni rizik i geopolitičke rizike. Diversifikacija na globalnoj razini može pomoći u smanjenju ovih rizika.

Za uspješnu primjenu ovih naprednih financijskih strategija ključno je kontinuirano obrazovanje i praćenje financijskih tržišta. Razumijevanje i primjena ovih naprednih strategija može vam pomoći u postizanju financijskih ciljeva i u izgradnji dugoročnog financijskog blagostanja.

Diversifikacija portfelja

Diversifikacija portfelja nije samo strategija za smanjenje rizika već je i metoda za optimizaciju povrata. Razumijevanje principa kako pravilno izvršiti diversifikaciju portfelja ujedno zahtijeva i analizu različitih klasa imovine i njihovih međusobnih odnosa. Na primjer, **korelacija** između dionica i obveznica često može biti negativna, jer kada vrijednost jedne klase imovine pada, vrijednost druge može rasti. Ova negativna korelacija pruža stabilnost portfelju u turbulentnim tržišnim uvjetima.

Diversifikacija se može postići ulaganjem u različite geografske regije, sektore i industrije, kao i putem različitih vrsta imovine kao što su dionice, obveznice, nekretnine i plemenite kovine. Diversifikacijom portfelja investitori mogu smanjiti utjecaj specifičnih rizika povezanih uz pojedine investicije.

Razumijevanje rizika i povrata ključno je za uspješnu diversifikaciju. Svaka klasa imovine ima svoj očekivani povrat i razinu rizika. Na primjer, dionice generalno nude veći potencijalni povrat, ali s većim rizikom, dok obveznice nude niži povrat uz manji rizik. Rebalans ovih elemenata u portfelju može pomoći u postizanju željenog omjera rizika i povrata.

Rebalans portfelja još je jedan važan aspekt diversifikacije. Kako se tržišni uvjeti mijenjaju originalne težine imovine u portfelju mogu se pomaknuti što može dovesti do većeg rizika. Redovitim rebalansom investitori mogu osigurati da njihov portfelj ostane usklađen s njihovim financijskim ciljevima i tolerancijom na rizik.

Strategija ulaganja koja uključuje diversifikaciju i rebalans može pomoći investitorima u postizanju stabilnijeg povrata i u smanjenju rizika od gubitka kapitala. Međutim, važno je napomenuti da diversifikacija sama po sebi ne garantira profit i ne štiti od gubitaka. Stoga, temeljito istraživanje i razumijevanje svake investicijske klase, kao i kontinuirano praćenje i prilagodba portfelja, ključni su za uspjeh.

Globalno investiranje

Globalno investiranje predstavlja priliku za pristupanje širokom spektru tržišta i sektora koji mogu biti nedostupni ili manje zastupljeni na domaćem tržištu. Diversifikacija na globalnoj razini može pomoći investitorima smanjiti rizik te iskoristiti potencijal rasta u različitim ekonomijama. Međutim, globalno investiranje donosi i dodatne izazove što uključuje valutni rizik, razlike u regulativi te potencijalne geopolitičke rizike. Da bi navigacija u ovim izazovima bila uspješna važno je razumjeti osnovne principe globalnog investiranja i primijeniti strategije koje mogu pomoći u minimiziranju rizika i optimiziranju povrata.

Valutni rizik predstavlja jedan od ključnih izazova globalnog investiranja. Fluktuacije valutnih tečajeva mogu značajno utjecati na povrat vaših ulaganja u stranoj valuti. Možete koristiti financijske instrumente (*futures* ugovore ili opcije na valute) kako biste upravljali valutnim rizikom. Također, diversifikacijom ulaganja u različite valute i ekonomske regije možete smanjiti utjecaj valutnih oscilacija na vaš portfelj.

Geopolitički rizici također igraju važnu ulogu u globalnom investiranju. Politička nestabilnost, promjene u regulativi i ekonomske sankcije mogu utjecati na tržišta i sektore u određenim zemljama. Praćenje globalnih političkih i ekonomskih trendova te razumijevanje lokalnih tržišnih uvjeta može pomoći u identifikaciji i izbjegavanju potencijalno rizičnih ulaganja.

Diversifikacija je ključna strategija u globalnom investiranju. Ulaganjem u različite geografske regije, sektore i industrije možete smanjiti specifične rizike povezane uz pojedina tržišta. Na primjer, ako jedno tržište doživi pad, zbog lokalnih ekonomskih problema, diversifikacija globalnog portfelja može biti manje pogođena zahvaljujući stabilnosti ili rastu u drugim regijama.

Izbor pravih investicijskih vozila je također važan aspekt globalnog investiranja. Međunarodni investicijski fondovi, globalni *ETF*-ovi i međunarodni dionički fondovi mogu pružiti jednostavan pristup globalnim portfeljima koji podliježu izboru diversifikacije. Ovi fondovi omogućuju investitorima da iskoriste stručnost profesionalnih upravitelja fondova pri odabiru i upravljanju globalnim ulaganjima.

Porezna efikasnost treba biti uzeta u obzir prilikom globalnog investiranja. Različite zemlje imaju različite porezne režime što može utjecati na neto povrat vaših ulaganja. Razumijevanje međunarodnih poreznih sporazuma i strukturiranje vaših ulaganja na način koji minimizira porezno opterećenje može povećati vaš ukupni povrat.

Upravljanje globalnim investicijskim portfeljem zahtijeva kontinuirano praćenje i prilagodbu strategije ulaganja u skladu s promjenama na tržištu i u globalnom ekonomskom okruženju. Redoviti rebalans portfelja, temeljito istraživanje i korištenje stručnih savjeta mogu pomoći u optimizaciji vaših globalnih ulaganja i u postizanju vaših financijskih ciljeva.

Razumijevanje globalnih tržišta

Prilikom ulaganja na globalna tržišta ključno je razumjeti **valutni rizik** i kako učinkovito njime upravljati. Valutni rizik nastaje zbog fluktuacija u tečajevima valuta koje mogu utjecati na vrijednost vaših ulaganja kada se konvertiraju natrag u vašu domaću valutu. Na primjer, ako investirate u dionice na američkom tržištu koristeći euro; pad vrijednosti dolara u odnosu na euro može smanjiti ukupni povrat vašeg ulaganja kada se konvertira natrag u euro. Upravljanje valutnim rizikom može uključivati korištenje ***hedging* strategija** koristeći financijske instrumente poput ***futures* ugovora** ili **valutnih *swapova***.

Geopolitički rizici također predstavljaju važan faktor koji treba uzeti u obzir prilikom globalnog ulaganja. Geopolitičke nestabilnosti kao što su politički sukobi, trgovinski ratovi ili ekonomske sankcije mogu imati značajan utjecaj na tržišta i sektore. Diversifikacija ulaganja preko različitih zemalja i regija može pomoći u smanjenju ovih rizika. Pratite geopolitičke događaje i analizirajte na koji bi način oni mogli utjecati na vaša ulaganja te prilagodite svoj portfelj prema potrebi.

Diversifikacija nadalje na globalnoj razini omogućuje vam iskoristiti rastuće tržište i sektore širom svijeta i pritom smanjite rizik koji dolazi s koncentracijom ulaganja u jednoj zemlji ili regiji. Razmotrite ulaganje u **međunarodne investicijske fondove**, **globalne *ETF*-ove** ili **direktne investicije** u strane dionice kako biste postigli globalnu diversifikaciju.

Izbor pravih investicijskih vozila ključan je za uspjeh u globalnom investiranju. Osim tradicionalnih dionica i obveznica, razmotrite ulaganje u **nekretnine**, **privatni kapital** ili **emergentna tržišta** kako biste dodatno izvršili diversifikaciju svog portfelja. Svako ulaganje nosi svoj specifični skup rizika i povrata, stoga je važno provesti detaljnu analizu i razumjeti kako se svako ulaganje uklapa u vaš ukupni financijski plan.

Porezna efikasnost još je jedan važan aspekt globalnog ulaganja. Različite zemlje imaju različite porezne stope i pravila koja mogu utjecati na vaš ukupni povrat. Razumijevanje međunarodnih poreznih zakona i strukturiranje vaših ulaganja na način koji optimizira poreznu efikasnost može značajno povećati vaš neto povrat.

U konačnici, globalno ulaganje zahtijeva **kontinuirano obrazovanje**, **praćenje tržišta** i **prilagodbu strategija** ulaganja kako bi se maksimizirali povrati i minimizirali rizici. Suradnja s financijskim savjetnicima koji imaju iskustvo u međunarodnom ulaganju može pružiti dodatnu vrijednost i pomoći vam u navigaciji kroz složenost globalnih tržišta.

Valutni rizici i njihovo upravljanje

Upravljanje valutnim rizicima zahtijeva razumijevanje i primjenu različitih financijskih instrumenata i strategija. Jedna od osnovnih metoda zaštite od valutnih rizika je ***hedging***. *Hedging* omogućuje investitorima zaštitu od nepovoljnih promjena valutnih tečajeva upotrebom derivata kao što su *futuresi,* opcije i *swapovi.* Na primjer, ako investitor posjeduje dionice u američkim dolarima, ali očekuje pad vrijednosti dolara u odnosu na euro, tada može kupiti *futures* ugovor koji mu omogućuje prodaju dolara po unaprijed određenoj cijeni u budućnosti. Time se osiguravate od gubitaka koji bi nastali zbog pada vrijednosti dolara.

Osim *hedginga,* diversifikacija ulaganja putem različitih valuta i ekonomskih regija također može smanjiti valutni rizik. Ulaganjem u imovinu denominiranu u različitim valutama, investitori mogu izbalansirati potencijalne gubitke u jednoj valuti dobitcima u drugoj. Diversifikacija na ovaj način djeluje kao prirodni *hedge* protiv valutnih fluktuacija.

Važno je napomenuti da iako *hedging* i diversifikacija mogu smanjiti rizik oni također mogu ograničiti potencijalne dobitke. Stoga je ključno da investitori pažljivo procijene svoju toleranciju na rizik i financijske ciljeve prije primjene ovih strategija. Upravljanje valutnim rizikom zahtijeva kontinuirano praćenje valutnih tržišta i prilagodbu strategija u skladu s promjenama u globalnom ekonomskom okruženju.

Za investitore koji nisu spremni ili sposobni samostalno upravljati valutnim rizikom postoji opcija ulaganja u međunarodne fondove koji su specijalizirani za upravljanje valutnim rizicima. Ovi fondovi koriste stručnost profesionalnih upravitelja koji primjenjuju sofisticirane strategije *hedginga* i diversifikacije kako bi zaštitili portfelj od valutnih oscilacija.

U konačnici; ključ uspješnog upravljanja valutnim rizikom leži u razumijevanju i prilagodbi. Investitori trebaju biti svjesni da nema jedinstvenog rješenja za sve situacije i da je potrebno kontinuirano obrazovanje i prilagodba strategija ulaganja kako bi se maksimizirali povrati uz minimum rizika. Razumijevanje mehanizama valutnih tržišta i primjena odgovarajućih financijskih instrumenata i strategija omogućit će investitorima navigaciju kroz složenost globalnih financijskih tržišta s većom sigurnošću i uspjehom.

9. Vaš put prema financijskoj slobodi

Vaša financijska sloboda počinje razumijevanjem i primjenom znanja koje ste stekli čitajući ovu knjigu. Ključno je prepoznati činjenicu da je svaki korak koji poduzimate prema razumijevanju financija, ulaganja i upravljanja osobnim financijama korak bliže ostvarenju vaših financijskih ciljeva. **Postavljanje realističnih ciljeva** i **stvaranje plana** za njihovo ostvarenje predstavljaju temelj za uspjeh. Važno je redovito **pratiti svoje financije** i biti spreman na **prilagodbu strategija** ulaganja u skladu s promjenama na tržištu i u vašem osobnom životu.

Automatizacija štednje i **investiranja** može vam pomoći da ostanete dosljedni bez potrebe za stalnim nadzorom. Odabir pravih

financijskih proizvoda i **diversifikacija portfelja** ključni su za smanjenje rizika i za postizanje stabilnijih povrata. Ne zaboravite na važnost **kontinuiranog obrazovanja** i **praćenja financijskih tržišta** kako biste mogli iskoristiti prilike koje se pojave.

Pasivni prihodi igraju važnu ulogu u ostvarenju financijske neovisnosti. Stvaranje izvora pasivnih prihoda, poput dividendi od dionica ili prihoda od iznajmljivanja nekretnina, može vam pružiti financijsku sigurnost i slobodu. Razumijevanje i primjena **strategija za stvaranje pasivnih prihoda** omogućit će da novac radi za vas, čak i kada ne radite.

Globalno investiranje nudi prilike za diversifikaciju i iskorištavanje rasta u različitim ekonomijama. Međutim, važno je biti svjestan **valutnih rizika** i **geopolitičkih rizika** te koristiti strategije kao što su ***hedging*** i **diversifikacija** kako biste ih minimizirali. **Upravljanje valutnim rizicima** i

prilagodba investicijskih strategija ključni su za uspjeh u globalnom investiranju.

Zapamtite, vaš financijski uspjeh nije određen količinom novaca kojeg imate, već vašom sposobnošću da upravljate tim novcem i donosite pametne financijske odluke. **Redovito praćenje** i **prilagodba vaših financijskih planova** ostvarit će vaše financijske ciljeve u postizanju financijske slobode.

Pregled ključnih koraka

Automatizacija štednje i investiranja ključna je za održavanje dosljednosti u vašim financijskim planovima bez potrebe za stalnim nadzorom. Postavljanjem automatskih transfera s tekućeg računa na štedni ili investicijski račun osiguravate vašoj štednji i ulaganjima kontinuirano povećanje bez potrebe za svakodnevnim odlukama. Ova metoda vremenom pomaže u izgradnji financijskog blagostanja te smanjuje iskušenja za potrošnjom novaca koji bi inače bili namijenjeni štednji ili ulaganju.

Odabir pravih financijskih proizvoda temelji se na razumijevanju vaših financijskih ciljeva, vremenskog horizonta ulaganja i toleranciji na rizik. Diversifikacija portfelja, koja uključuje ulaganje u različite vrste imovine kao što su dionice, obveznice, investicijski fondovi i *ETF*-ovi, ključna je za smanjenje rizika i postizanje stabilnijih povrata. Diversifikacija omogućuje da se potencijalni gubici u jednoj vrsti imovine mogu nadoknaditi dobitcima u drugoj; čime se smanjuje ukupni rizik portfelja.

Pasivni prihodi, kao što su dividende od dionica ili prihodi od iznajmljivanja nekretnina, igraju važnu ulogu u ostvarenju financijske neovisnosti. Razumijevanje i primjena strategija za stvaranje pasivnih prihoda omogućit će vašem novcu da radi za vas, čak i onda kada ne radite.

Globalno investiranje nudi prilike za diversifikaciju i iskorištavanje rasta u različitim ekonomijama. Međutim, važno je biti svjestan valutnih rizika i geopolitičkih rizika te koristiti strategije kao što su *hedging* i strategija diversifikacije kako biste ih minimizirali. Upravljanje valutnim rizicima i prilagodba investicijskih strategija ključni su za uspjeh u globalnom investiranju.

Redovito praćenje i prilagodba vaših financijskih planova osigurat će vam ostvarenje financijskih ciljeva na putu postizanja financijske slobode. Važno je biti fleksibilan i spreman na promjene u vašem financijskom planu kako biste se prilagodili promjenama na tržištu i u vašem osobnom životu. Kontinuirano obrazovanje i praćenje financijskih tržišta omogućuje vam iskoristiti prilike koje vam se jave te vam, isto tako, pomaže prilikom donošenja informiranih financijskih odluka.

Motivacija za financijski rast

Motivacija za kontinuirani financijski rast leži u razumijevanju činjenice kako je svaki korak prema boljem upravljanju vašim financijama, zapravo, korak bliže ostvarenju vaših snova i ciljeva. Važno je postaviti **jasne i mjerljive ciljeve** koji će vam služiti kao vodiči u vašem financijskom putovanju. Ovi ciljevi mogu biti kratkoročni, srednjoročni ili dugoročni; ključno je da su realistični i postavljeni s namjerom koja će vas motiviraju na akciju.

Praćenje napretka prema postignuću vaših financijskih ciljeva omogućit će vam uvidjeti koliko ste daleko stigli i što još trebate učiniti. Koristite alate i aplikacije za praćenje financija koje vam omogućuju lako pratiti svoje prihode, rashode, štednju i investicije što vas može motivirati da ostanete na dobrome putu.

Edukacija je ključna za kontinuirani financijski rast. Financijsko tržište se neprestano mijenja, a novi proizvodi i strategije ulaganja se redovito pojavljuju. Ostanite informirani o novim trendovima i mogućnostima ulaganja čitanjem financijskih vijesti, knjiga, članaka i slušanjem *podcastova*. Ovo će vam pomoći donijeti informirane odluke koje su u skladu s vašim financijskim ciljevima i tolerancijom na rizik.

Umrežavanje s istomišljenicima može biti izuzetno korisno. Razgovor s osobama koje dijele vaše interese može vam pružiti nove ideje, strategije i perspektive koje možda niste razmotrili. Osim toga, biti dio zajednice koja teži financijskoj neovisnosti može pružiti dodatnu motivaciju i podršku.

BONUS #1: Psihologija bogatih

Razumijevanje psihologije bogatih i uspješnih ljudi može biti ključna za transformaciju vlastitih financijskih navika kao i motivacija za postizanje financijske neovisnosti. Bogati ljudi imaju tendenciju gledati na novac ne samo kao na sredstvo za plaćanje trenutnih potreba već i kao na alat za izgradnju budućeg bogatstva. Jedan od temeljnih principa koji bogati ljudi primjenjuju jest koncept **"plaćanja prvo sebi"**. Ova strategija uključuje automatsko usmjeravanje određenog postotka prihoda na štedni ili investicijski račun prije negoli se novac potroši na bilo što drugo. Na taj način štednja i ulaganje postaju prioritet, a ne nešto što se stvara ostatkom novaca na kraju mjeseca.

Složene kamate još su jedan ključan koncept koji bogati ljudi koriste za uvećanje svojeg bogatstva. Razumijevanje i primjena ovog principa omogućuje novcu eksponencijalno rasti tijekom vremena čime se stvara značajno bogatstvo.

Bogati također razumiju važnost **diversifikacije**. Ne ulažu sve svoje resurse u jednu investiciju ili jedan tip imovine. Umjesto toga oni šire svoja ulaganja preko različitih klasa imovine poput dionica, obveznica, nekretnina i plemenitih kovina. Diversifikacija pomaže u smanjenju rizika i u stabilizaciji povrata na ulaganja tijekom vremena.

Osim toga, bogati ljudi su obično vrlo **proaktivni u pogledu financijskog obrazovanja**. Neprestano traže nove informacije, uče o financijskim tržištima i prate globalne ekonomske trendove. Ovo im znanje omogućuje donijeti informirane odluke o ulaganjima i prilikom prilagodbe svoje strategije ulaganja prema promjenjivim tržišnim uvjetima.

Umrežavanje je još jedan važan aspekt psihologije bogatih. Oni razumiju da je izgradnja i održavanje odnosa s drugim uspješnim i utjecajnim ljudima ključno za osobni i financijski uspjeh. Umrežavanjem je moguće pronaći nove poslovne prilike, učiti od uspješnih mentora i surađivati na projektima koji mogu generirati dodatne prihode.

Bogati također prakticiraju **disciplinu i odgodu zadovoljstva**. Umjesto impulzivnog trošenja na kratkoročne užitke, oni se fokusiraju na dugoročne financijske ciljeve. Ova disciplina i sposobnost odgađanja trenutnog zadovoljstva u korist veće, buduće koristi temelj je za izgradnju i za očuvanje bogatstva.

U sljedećem ćemo dijelu istražiti kako primijeniti ove principe u svakodnevnom životu i kako razviti *mindset* koji će vam pomoći postići financijsku neovisnost.

Primjena ovih principa u svakodnevnom životu zahtijeva strukturirani pristup i dosljednost. Prvi korak je postavljanje jasnih financijskih ciljeva. Ovi ciljevi trebaju biti SMART - specifični, mjerljivi, ostvarivi, relevantni i vremenski ograničeni. Na primjer, umjesto cilja "želim biti bogat", postavite cilj "želim uštedjeti 200.000 eura za kupnju nekretnine u sljedećih pet godina". Jasni ciljevi omogućuju vam stvoriti plan te pratiti vlastiti napredak.

Sljedeći korak je stvaranje i održavanje proračuna. Proračun vam omogućuje uvidjeti kamo vaš novac odlazi i u kojim segmentima možete smanjiti troškove kako biste povećali svoju štednju i ulaganja. Uključivanje kategorije za štednju i ulaganje kao redovnog mjesečnog troška u vaš proračun pomaže u primjeni principa "plaćanja sebi prvo".

Za uspješnu diversifikaciju ulaganja, važno je istražiti i razumjeti različite vrste imovine. To možete ostvariti čitanjem financijskih izvještaja, praćenjem tržišnih trendova i konzultacijama s financijskim savjetnicima. Diversifikacija smanjuje rizik i povećava mogućnost za stabilnim povratom.

Financijsko obrazovanje kontinuirani je proces. Sudjelovanje na seminarima, čitanje knjiga i članaka te praćenje financijskih vijesti pomaže u održavanju koraka s promjenjivim tržištima i omogućava informirano donošenje odluka. Također, razmjena znanja i iskustava s drugima putem umrežavanja može vam otvoriti nove perspektive i prilike.

Disciplina i odgoda zadovoljstva ključni su za postizanje dugoročnih financijskih ciljeva. To može značiti žrtvovanje trenutnih želja za veću buduću korist. Odricanje od skupih odmora ili luksuznih kupnji kako bi se povećala štednja ili ulaganje u budućnost, svakako je poželjno.

Za praktičnu primjenu ovih koncepta razmislite o automatskom usmjeravanju dijela vaše plaće na štedni ili investicijski račun. Također, razmislite o korištenju aplikacija za praćenje financija koje vam mogu pomoći pratiti vlastite troškove i štednju. Postavljanje automatskih podsjetnika za pregled vaših financijskih ciljeva i proračuna mogu vam pomoći ostati na pravom putu.

U konačnici; za razvoj *mindseta* bogatih ljudi potrebno je vrijeme, strpljenje i dosljednost. Nije dovoljno samo poznavati principe; ključno ih je primijeniti u svakodnevni život. Vremenom vam ove navike mogu transformirati financije i omogućiti vam izgradnju i postizanje financijskog blagostanja i financijske neovisnosti. Razumijevanje i primjena ovih principa može predstavljati izazov, ali uz pomoć pravih alata, informacija i *mindset*om moguće je postići značajne financijske promjene i ostvariti dugoročne ciljeve.

Razlika u razmišljanju bogatih i prosječnih

Razlika u razmišljanju bogatih i prosječnih ljudi često se ogleda u njihovom pristupu **riziku** i **neuspjehu**. Dok prosječna osoba vidi rizik kao nešto što treba izbjegavati; bogati ga vide kao priliku za učenje i rast. Neuspjeh nije kraj puta, već lekcija koja vodi do boljih odluka u budućnosti. **Bogati** su **ljudi** spremni preuzeti kalkulirane rizike, svjesni da svaki neuspjeh donosi dragocjene informacije koje mogu iskoristiti za poboljšanje svojih budućih poduhvata.

Postavljanje ciljeva još je jedan ključan aspekt koji razlikuje bogate od prosječnih. Bogati postavljaju **visoke, ali ostvarive ciljeve**. Njihovi ciljevi nisu samo financijske prirode; oni također postavljaju ciljeve za osobni razvoj, obrazovanje i umreženje. Ciljevi su im često postavljeni s jasnim rokovima i detaljnim planovima za njihovom realizacijom. Njihov pristup u postavljanju ciljeva nije statičan; oni redovito revidiraju i prilagođavaju svoje ciljeve kako bi odražavali promjene u svojim životima i na tržištu.

Upravljanje vremenom još je jedno područje u kojem se razmišljanje bogatih razlikuje. Oni su majstori u prioritizaciji zadataka i u fokusiranju na aktivnosti koje donose najveću dobit. Umjesto da troše vrijeme na manje važne zadatke, bogati delegiraju ili automatiziraju te zadatke kako bi se mogli usredotočiti na ono što zaista utječe na njihov financijski uspjeh.

Financijska pismenost je temelj na kojem bogati grade svoje bogatstvo. Oni kontinuirano ulažu u svoje financijsko obrazovanje, bilo čitanjem knjiga, pohađanjem seminara ili suradnjom s financijskim savjetnicima. Ovo im znanje omogućuje donijeti informirane odluke o ulaganjima, usmjerava ih k razumijevanju tržišnih trendova te ukazuje na načine kojima je moguće izbjeći skupe greške koje bi mogle ugroziti njihovo bogatstvo.

Odgovornost je ključna riječ u *mindsetu* bogatih. Bogati preuzimaju potpunu odgovornost za svoje financijske odluke i rezultate. Umjesto da krive vanjske okolnosti ili druge ljude za svoje financijske neuspjehe, bogati analiziraju što je pošlo po zlu i što mogu učiniti drukčije u budućnosti. Ovaj im proaktivni pristup omogućuje učiti iz vlastitih grešaka te im isto tako služi kao orijentir u tome kako kontinuirano poboljšavati svoje financijsko stanje.

U konačnici, razlika u razmišljanju bogatih i prosječnih ljudi leži u njihovom pristupu životu i financijama. Bogati ljudi vide mogućnosti gdje drugi vide prepreke, uče iz vlastitih neuspjeha i kontinuirano rade na poboljšanju svojih financijskih i osobnih vještina. Njihov proaktivni pristup i spremnost na preuzimanje odgovornosti za vlastite odluke ključni su za njihov uspjeh.

Izbjegavanje emocionalnih pogrešaka u financijama

Emocionalne pogreške u upravljanju novcem često su rezultat impulzivnih odluka koje su vođene trenutnim osjećajima, a ne racionalnim razmišljanjem. Da biste izbjegli takve pogreške važno je razviti strategije koje će vam pomoći zadržati objektivnost i fokusiranost prema dugoročnim financijskim ciljevima.

Prvi korak u izbjegavanju emocionalnih pogrešaka sastoji se u **razumijevanju vlastitih emocionalnih okidača** i kako oni utječu na vaše financijske odluke. Mnogi ljudi donose impulzivne odluke o trošenju ili investiranju kada su pod stresom, sretni ili tužni, što može dovesti do neželjenih financijskih posljedica.

Postavljanje jasnih financijskih ciljeva i plana na koji ih način ostvariti pomaže vam ostati na pravom putu uz pomoć kojeg izbjegavate emocionalni poriv za trošenjem novaca. Ciljevi bi trebali biti specifični, mjerljivi, ostvarivi, relevantni i vremenski ograničeni (SMART).

Izgradnja hitnog fonda još je jedan ključan korak u izbjegavanju emocionalnih financijskih odluka. Hitni bi fond trebao biti dovoljno velik da pokrije najmanje od tri do šest mjeseci vaših životnih troškova. Ovo vam omogućava imati financijski jastuk u slučaju neočekivanih događaja čime se smanjuje potreba za donošenjem brzopletih financijskih odluka i pod pritiskom.

Automatizacija štednje i ulaganja može pomoći u smanjenju emocionalnog utjecaja na vaše financijske odluke. Postavljanje automatskih transfera na štedni ili investicijski račun umanjuje vjerojatnost da ćete potrošiti novac koji bi inače bio namijenjen za vaše financijske ciljeve.

Edukacija je ključna za izbjegavanje emocionalnih pogrešaka. Što više znate o financijama, ulaganjima i ekonomiji, to ste bolje opremljeni za donošenje informiranih odluka. Ovo uključuje razumijevanje osnovnih financijskih principa kao što su složene kamate, diversifikacija portfelja i razumijevanje tržišnih ciklusa.

Vodite dnevnik odluka o ulaganju i trošenju kako biste pratili svoje ponašanje i identificirali obrasce koji bi mogli ukazivati na emocionalno donošenje odluka. Ovo može pomoći u prepoznavanju situacija koje vas potiču na impulzivno ponašanje jer vam pomaže razviti strategije za suočavanje s takvim situacijama na zdraviji način.

Razgovarajte s financijskim savjetnikom koji može pružiti objektivni pogled na vaše financijske planove i odluke. Financijski savjetnici mogu vam pomoći identificirati i ispraviti emocionalne pogreške u vašem pristupu upravljanja novcem, kao što vam mogu pružiti stručne savjete o ulaganjima i financijskom planiranju.

Na kraju, **razvijanje strpljenja i discipline** ključno je za izbjegavanje emocionalnih financijskih pogrešaka. Financijski uspjeh rijetko dolazi preko noći, i važno je ostati fokusiran prema dugoročnim ciljevima.

Razvoj navika za financijsku slobodu

Razvoj **financijskih navika** koje vode prema slobodi zahtijeva dosljednost i predanost. Jedna od ključnih strategija je **automatizacija financijskih odluka**. Postavljanje automatskih transfera za štednju ili ulaganje može osigurati vašim financijskim ciljevima kontinuirano ostvarenje bez potrebe za svakodnevnom odlukom.

Praćenje troškova još je jedna važna navika. Korištenjem aplikacija za praćenje financija ili izradom jednostavnih tablica, možete dobiti jasan uvid u to gdje vaš novac odlazi i identificirati područja gdje možete smanjiti troškove. Ovo ne samo da povećava vašu sposobnost štednje već i potiče svijest o vašim financijskim navikama.

Postavljanje financijskih ciljeva je temelj za usmjeravanje vaših financijskih napora. Na primjer, umjesto cilja "želim štedjeti više", postavite cilj "želim uštedjeti 15.000 eura za kaparu za kuću u naredna 24 mjeseca". Ovakvi ciljevi omogućuju vam mjeriti napredak kao i prilagodbu financijske strategije prema potrebi.

Edukacija igra ključnu ulogu u razvoju financijskih navika. Ulaganje u učenje o financijama važno je; bilo putem knjige, *online* tečajeve ili radionice, jer vam može pružiti znanje potrebno za donošenje informiranih financijskih odluka. Razumijevanje osnovnih financijskih principa, kao što su složene kamate, diversifikacija i upravljanje rizikom temelji su za izgradnju stabilnih financijskih navika.

Odgoda zadovoljstva ključna je za izgradnju dugoročnog financijskog blagostanja. To znači da ponekad trebate odoljeti iskušenju trošenja novaca na nepotrebne stvari te usmjeriti te resurse prema vašim dugoročnim financijskim ciljevima. Savladavanje ove discipline može predstavljati izazov koji je ključan za postizanje financijske neovisnosti.

Redovita revizija financijskog plana pomaže vam u praćenju vlastitog napretka te vam omogućuje prilagoditi strategije prema promjenama; kako u vašem životu tako i na financijskim tržištima. Svoje financijske ciljeve poput proračuna, ulaganja i štednje pregledavajte minimalno jednom godišnje kako biste se osigurali da ste na pravom putu, na putu prema ostvarenju financijske slobode.

Razvojem gore navedenih navika postavljate čvrste temelje za svoju financijsku budućnost i vremenom postižete financijsku slobodu. Ključno je započeti malim koracima te biti dosljedni putu koji slijedite; prilagođavati svoje strategije kako vaše financijsko stanje i ciljevi evoluiraju.

BONUS #2: Složene kamate kao financijska čarolija

Složene kamate predstavljaju jedan od najmoćnijih financijskih koncepta koji vam može pomoći transformirati vaše financijsko stanje i postići dugoročnu financijsku neovisnost. Princip složenih kamata temelji se na ideji da se kamate zarađuju ne samo na glavnici, odnosno izvornom iznosu ulaganja ili štednje, već i na kamatama koje su prethodno zarađene. Ovaj proces rezultira eksponencijalnim rastom vašeg ulaganja tijekom vremena, što je ključno za izgradnju financijskog blagostanja.

Kao primjer, zamislite da ste uložili 10.000 eura na račun s godišnjom kamatnom stopom od 5%, dok se izračun kamate vrši jednom godišnje. Nakon prve godine, zaradili biste 500 eura na kamatama, što bi vaš ukupni iznos povećalo na 10.500 eura. U drugoj se godini kamate ne računaju samo na početnih 10.000 eura, već na cijeli iznos od 10.500 eura, što rezultira većom kamatom i tako redom. Vremenom ovaj proces dovodi do znatnog povećanja vašeg ulaganja.

Ključno je razumjeti da složene kamate zahtijevaju vrijeme kako bi pokazale svoju pravu moć. Ostavite li svoj novac „rasti" duži vremenski period, veći će biti i kumulativni učinak složenih kamata. Stoga je važno početi što prije, čak i s manjim iznosima, jer vrijeme igra ključnu ulogu u akumulaciji financijskog blagostanja.

Jedan od načina za maksimiziranje koristi od složenih kamata je redovito dodavanje novaca na vaš uloženi iznos. Mogu to biti mjesečni, tromjesečni ili godišnji doprinosi. Na primjer, dodavanje iznosa u vrijednosti od 100 eura mjesečno na vaš početni ulog može značajno povećati konačni iznos koji ćete imati na raspolaganju u budućnosti. Ova strategija, poznata kao "*dollar-cost averaging*", pomaže u smanjenju rizika povezanog s tržišnim fluktuacijama i omogućuje vam postupno graditi svoje financijsko blagostanje.

Razumijevanje i primjena složenih kamata može transformirati vaš pristup štednji i ulaganju. Umjesto da se oslanjate samo na linearni rast vašeg novca, složene kamate omogućuju vam iskoristiti moć vremena i „kamata na kamatu" efekta čime se povećava vaša sposobnost za izgradnju značajnog financijskog iznosa. Neovisno o vašoj trenutnoj financijskoj situaciji, početak primjene ovog koncepta može vam pomoći postaviti temelje za sigurniju financijsku budućnost.

Da biste dodatno iskoristili prednosti složenih kamata; važno je razmotriti različite vrste računa i investicijskih opcija koje su vam dostupne. Na primjer, odabir investicijskog računa koji nudi povoljnije uvjete ili niže naknade, može značajno utjecati na rast vašeg ulaganja tijekom vremena. Također, različite financijske institucije nude različite stope složenih kamata, stoga je ključno usporediti te ponude prije negoli se odlučite gdje uložiti svoj novac.

Osim toga, razumijevanje poreznih implikacija vaših ulaganja može vam pomoći u maksimiziranju svojih povrata. U nekim slučajevima, ulaganja koja su povoljna s poreznog aspekta, poput određenih mirovinskih fondova ili osiguranja, mogu omogućiti dodatne prednosti složenim kamatama putem porezne olakšice.

Još jedan aspekt koji treba uzeti u obzir je rizik povezan s vašim ulaganjima. Dok složene kamate nude potencijal za značajan rast, važno je razumjeti i prihvatiti razinu rizika koju ste spremni podnijeti. Diversifikacija vašeg portfelja može pomoći u smanjenju rizika jer vam omogućuje rasporediti svoja ulaganja u različite vrste imovine poput: dionica, obveznica, nekretnina pa čak i kriptovaluta.

Kako započeti?

Za one koji su novi u svijetu ulaganja početak može biti jednostavan. Otvaranje štednog računa s visokim kamatama te ulaganje u niskorizične obveznice ili uzajamne fondove; početni je korak. Stjecanjem znanja i iskustava možete vam omogućiti postupni prelazak na složenije investicijske strategije koje mogu pružiti veće povrate.

Važno je napomenuti da se tijekom ulaganja ključ uspjeha nalazi u dosljednosti i strpljenju. Složene kamate zahtijevaju vrijeme kako bi pokazale svoj puni potencijal, stoga je važno ostati fokusiran na dugoročne ciljeve i ne dopustiti da vas kratkoročne tržišne fluktuacije odvrate od plana.

U konačnici, složene kamate su moćan alat koji vam može pomoći izgraditi i očuvati bogatstvo tijekom vremena. Razumijevanjem i primjenom ovog koncepta uz pametno financijsko planiranje i dobrim izborom investicijskih strategija postavljate čvrste temelje za svoju financijsku budućnost. Bez obzira na vašu trenutnu financijsku situaciju, nikada nije prerano niti prekasno za početak primjene principa složenih kamata u vašem financijskom planiranju.

Eksponencijalni rast složenih kamata

Ključ za iskorištavanje punog potencijala složenih kamata leži u **strpljivosti** i **dosljednosti**. Razumijevanje koncepta na koji način vrijeme utječe na rast vaših ulaganja može vam pomoći bolje planirati financijske ciljeve. Na primjer, ako počnete s ulaganjem od 10.000 eura s godišnjom kamatnom stopom od 5%, nakon 20 godina, bez dodatnih ulaganja, vaš bi iznos narastao na približnih 26.533 eura. Međutim, ako dodate 100 eura mjesečno na taj iznos, ukupna vrijednost vašeg ulaganja nakon 20 godina bila bi približnih 75.200 eura. Ova jednostavna strategija pokazuje kako redoviti doprinosi, čak i u malim iznosima, mogu značajno povećati ukupnu vrijednost vaših ulaganja zahvaljujući moći složenih kamata.

Diversifikacija vašeg portfelja još je jedan važan aspekt koji može pomoći u maksimiziranju koristi od složenih kamata. Ulaganjem u različite vrste imovine možete smanjiti rizik i povećati potencijal za rast. Na primjer, kombinacija dionica, obveznica i nekretnina može pružiti uravnotežen pristup ulaganju koji koristi složene kamate za rast vaših financija tijekom vremena.

Automatizacija vaših ulaganja može također igrati ključnu ulogu prilikom korištenja moći složenih kamata. Postavljanjem automatskih transfera na vaš investicijski račun, osiguravate redovite doprinosite svojim ulaganjima, što može značajno povećati konačni iznos vašeg portfelja. Osim toga, automatsko reinvestiranje dividendi ili kamata omogućava vam kontinuirano povećavati uloženi iznos, što dodatno potiče rast uz pomoć složene kamate.

Razumijevanje i praćenje vaših ulaganja ključno je za optimizaciju rasta putem složenih kamata. Redovito pregledavanje vašeg portfelja i prilagođavanje vaših ulaganja prema tržišnim uvjetima i vašim financijskim ciljevima može vam pomoći u maksimiziranju povrata. Osim toga, razumijevanje procesa kako različiti faktori, kao što su kamatne stope i tržišne fluktuacije, utječu na vaša ulaganja, omogućit će vam donijeti informirane odluke koje podržavaju rast vaših financija.

Edukacija je temelj za uspješno iskorištavanje složenih kamata. Izdvajanjem vremena za učenje o financijama, ulaganjima i ekonomiji ne samo da će vam pomoći bolje razumjeti kako maksimizirati koristi od složenih kamata, već će vam također pružiti znanje potrebno za navigaciju složenim svijetom financija. Bilo da se radi o čitanju knjiga, pohađanju tečajeva ili sudjelovanju na radionicama, kontinuirano obrazovanje je ključno za izgradnju i za očuvanje financijskog blagostanja.

U konačnici, **strategija** je ono što razlikuje one koji uspješno koriste složene kamate od onih koji to ne čine. Razvijanje jasne strategije ulaganja, koja uključuje redovite doprinose, diversifikaciju, automatizaciju i obrazovanje, može vam pomoći iskoristiti puni potencijal složenih kamata. Vremenom ove strategije ne samo da će povećati vašu financijsku sigurnost već će vam omogućiti i određenu razinu financijskog blagostanja.

Mali iznosi, veliki rezultati

Mali iznosi, kojima se započinje ulaganje, vremenom mogu dovesti do velikih rezultata koji zahtijevaju strateški pristup i razumijevanje činjenice da i oni kao takvi mogu eksponencijalno rasti zahvaljujući složenim kamatama. Prvi korak u ovom procesu je postavljanje realnih financijskih ciljeva koji su u skladu s vašim trenutnim financijskim mogućnostima i dugoročnim ambicijama. Na primjer, cilj može biti stvaranje hitnog fonda, štednja za mirovinu ili akumulacija kapitala za ulaganje u nekretnine. Nakon što definirate svoje ciljeve, važno je razviti plan štednje koji uključuje redovite mjesečne doprinose.

Ključno je odabrati prave financijske instrumente za vašu štednju i ulaganja. Visokokvalitetni štedni računi, državne obveznice, uzajamni fondovi s niskim troškovima i *ETF*-ovi mogu biti dobar izbor za one koji započinju s manjim iznosima. Ovi instrumenti nude različite razine rizika i povrata te vam omogućuju prilagoditi portfelj vlastitim financijskim ciljevima i toleranciji na rizik.

Redovito praćenje i prilagodba vašeg financijskog plana ključni su, time se osiguravate da ste na pravom putu; putu prema ostvarenju vaših financijskih ciljeva. Navedeno uključuje reviziju vaših ulaganja, prilagodbu mjesečnih doprinosa i ponovno ocjenjivanje vaših financijskih ciljeva kako bi odražavali promjene u vašem životu i na tržištu.

Korištenje digitalnih alata i aplikacija za praćenje financija mogu vam isto tako pomoći ostati organizirani i fokusirani na svoje financijske ciljeve. Mnoge aplikacije nude funkcije za praćenje rashoda, postavljanje budžeta i praćenje napretka vaših ulaganja, što može olakšati upravljanje vašim financijama i potaknuti redovitu štednju.

Na kraju, važno je razviti disciplinu i strpljenje kada je riječ o financijskom planiranju i ulaganju. Postizanje financijske neovisnosti i izgradnja financijskog blagostanja kroz složene kamate proces je koji zahtijeva vrijeme kao što vidite. Biti dosljedan u štednji, prilagodljiv u strategijama i strpljiv u očekivanjima ključni su elementi uspjeha.

Primjeri iz stvarnog života

U svijetu financija, primjeri iz stvarnog života često najbolje ilustriraju moć složenih kamata. Uzmimo za primjer Anu, koja je na svoj 30. rođendan odlučila početi štedjeti za mirovinu. Ana je svaki mjesec ulagala 500 eura na račun s godišnjom kamatnom stopom od 5%. Nakon 35 godina, na svoj 65. rođendan, Ana je otkrila da je njezin početni mjesečni doprinos od 500 eura narastao na impresivnih 566.416 eura. Ova transformacija se dogodila zahvaljujući složenim kamatama koje su omogućile njezinim mjesečnim doprinosima eksponencijalni rast tijekom vremena.

Drugi primjer je Marko, koji je naslijedio 20.000 eura i odlučio ih je uložiti u različite financijske instrumente, uključujući dionice, obveznice i *ETF*-ove, s prosječnom godišnjom stopom povrata od 7%. Koristeći moć složenih kamata i bez dodatnih ulaganja, Markov početni iznos od 20.000 eura dosegao je iznos od 76.000 eura u roku od 20 godina. Ovaj primjer pokazuje kako strpljivo i mudro ulaganje početnog kapitala može rezultirati značajnim povećanjem vrijednosti ulaganja tijekom vremena.

Ovi primjeri iz stvarnog života pokazuju da, bez obzira na iznos koji možete izdvojiti za štednju ili ulaganje, složene kamate nude put prema financijskoj sigurnosti i neovisnosti. Ključno je započeti što je ranije moguće, biti dosljedan u štednji i ulaganju te odabrati prave financijske instrumente koji odgovaraju vašim ciljevima i toleranciji na rizik. Redovito praćenje i prilagodba vašeg financijskog plana važni su elementi štednje jer se njima osiguravate da ste na pravom putu; putu prema ostvarenju vaših financijskih ciljeva.

BONUS #3: Primjena tajni za dugoročno financijsko blagostanje

Primjenom tajni koje smo dosad otkrili možete započeti putovanje prema dugoročnom financijskom blagostanju koje; ne samo da će vam osigurati financijsku sigurnost, već će vam i omogućiti život pun slobode i mogućnosti. Prvi korak u tom procesu je **postavljanje jasnih i mjerljivih financijskih ciljeva**. Ovi ciljevi trebaju biti SMART - specifični, mjerljivi, ostvarivi, relevantni i vremenski ograničeni. Na primjer, cilj "Želim imati milijun kuna na računu za mirovinu" je puno jasniji i lakše ga je pratiti nego općeniti cilj "Želim imati dovoljno novca za mirovinu".

Nakon što ste postavili svoje ciljeve, sljedeći korak je **izrada detaljnog financijskog plana** koji uključuje strategije štednje, ulaganja i upravljanja dugom. Ovaj plan trebao bi biti fleksibilan kako bi se mogao prilagoditi promjenama u vašem financijskom stanju i na tržištu. Jedna od strategija može biti **automatizacija štednje** gdje određeni postotak vaše plaće automatski ide na štedni ili investicijski račun. Automatizacija smanjuje iskušenje od potrošnje novaca i pomaže vam u izgradnji financijske dobrobiti bez velikog truda i angažmana.

Diversifikacija ulaganja još je jedan ključan element za zaštitu vašeg portfelja od volatilnosti tržišta. Ne stavljajte "sva jaja u jednu košaru". Ulaganjem u različite vrste imovine, kao što su dionice, obveznice, nekretnine i plemeniti metali možete smanjiti rizik i povećati potencijal za povrat.

Edukacija je temelj za uspješno upravljanje osobnim financijama. Ulaganje vremena u učenje o financijama, ulaganjima, porezima i ekonomiji pomoći će vam donijeti informirane odluke koje podržavaju vaše financijske ciljeve. Osim toga, redovito praćenje i prilagodba vašeg financijskog plana osigurat će vam da ostanete na pravom putu; putu prema ostvarenju vaših ciljeva.

Kontinuirano praćenje i evaluacija vaših financijskih ciljeva i strategija ključni su za dugoročni uspjeh. Ovo uključuje redovite preglede vašeg investicijskog portfelja, prilagodbu vaših štednih planova i reviziju vaših financijskih ciljeva. Promjene u životnim okolnostima kao što su: brak, rođenje djeteta ili promjena karijere, mogu utjecati na vaše financijske potrebe i ciljeve. Prilagodba vašeg plana u skladu s ovim promjenama osigurat će da vaše financijske strategije i dalje odgovaraju vašim trenutnim potrebama i dugoročnim ambicijama.

Važno je razumjeti da izgradnja dugoročnog financijskog blagostanja zahtijeva vrijeme, strpljenje i dosljednost. Nema brzih rješenja ili tajnih formula za postizanje financijske neovisnosti. Umjesto toga, ključ uspjeha leži u pametnom planiranju, disciplini i spremnosti na učenje i prilagodbu. Postavljanje realističnih ciljeva, razumijevanje vaših financijskih mogućnosti i ograničenja te primjena strategija koje smo spomenuli, mogu vam pomoći u postavljanju čvrstih temelja za stvaranje vaše financijsku budućnost.

Razumijevanje poreznih obveza i optimizacija vašeg poreznog tereta može značajno doprinijeti vašem financijskom uspjehu. Iskoristite porezne olakšice i poticaje koji su vam dostupni, poput olakšica za ulaganje u mirovinske fondove ili porezne olakšice za investicije u *start-up* poduzeća. Navedeno može smanjiti vaš ukupni porezni teret i omogućiti usmjeravanje veće svote novaca prema ostvarenju vaših financijskih ciljeva.

Izgradnja mreže podrške s financijskim savjetnicima, poreznim stručnjacima i istomišljenicima može pružiti dodatne resurse i znanje potrebno za navigaciju složenim svijetom financija. Razmjena iskustava i strategija s drugim ljudima koji dijele vaše financijske ciljeve može biti izuzetno korisno.

Upravljanje rizikom još je jedan važan aspekt u izgradnji dugoročnog financijskog blagostanja. Razumijevanje i prihvaćanje rizika povezanih s različitim vrstama ulaganja omogućit će vam donijeti informirane odluke i time izbjegnete nepotrebne gubitke. Diversifikacija vašeg portfelja, kao i postavljanje jasnih granica za rizik koji ste spremni prihvatiti, ključni su za zaštitu vaših ulaganja.

Postavljanje hitnog fonda, koji može pokriti iznenadne financijske izdatke bez potrebe za zaduživanjem ili prodajom ulaganja pod nepovoljnim uvjetima, ključno je za održavanje financijske stabilnosti.

Investiranjem u sebe kontinuiranim obrazovanjem i razvojem vještina povećavate svoju tržišnu vrijednost i otvarate nove mogućnosti za povećanje prihoda. Bilo da se radi o stjecanju novih certifikata, pohađanju tečajeva ili o razvoju poduzetničkih vještina, ulaganje u osobni razvoj može imati značajan utjecaj na vašu financijsku budućnost.

Na kraju, **održavanje zdravog odnosa prema novcu** i razumijevanje vaših financijskih navika i emocionalnih okidača koji utječu na vaše odluke o trošenju, ključni su za postizanje i održavanje financijske neovisnosti. Razvojem zdravih financijskih navika, kao što su redovito praćenje troškova, izbjegavanje impulzivne kupnje i postavljanje prioriteta za vaše financijske ciljeve, osiguravate da vam financije ostanu na pravom putu; putu prema dugoročnom financijskom blagostanju.

Postavljanje financijskih prioriteta

Postavljanje financijskih prioriteta zahtijeva razumijevanje vaših trenutnih financijskih uvjeta i jasnu viziju onoga što želite postići u budućnosti. Prvi korak u ovom procesu je identifikacija vaših kratkoročnih i dugoročnih financijskih ciljeva. Kratkoročni ciljevi obično uključuju plaćanje dugova na kreditnim karticama ili podrazumijevaju stvaranja hitnog fonda, dok dugoročni ciljevi mogu uključivati štednju za mirovinu ili kupnju nekretnine. Važno je **prioritizirati** ove ciljeve na način koji odražava vaše najvažnije životne vrijednosti i financijske potrebe.

Analiza trenutnih financijskih uvjeta je sljedeći korak. Navedeno uključuje pregled vaših prihoda, rashoda, dugova i štednje. Ova će vam analiza pomoći identificirati područja u kojima možete napraviti promjene kako biste poboljšali svoje financijsko stanje. Na primjer, možda ćete otkriti da trošite previše novaca na nepotrebne stvari čiju kupnju možete smanjiti čime biste povećali svoju štednju ili brže otplatili dug.

Postavljanje budžeta ključno je za upravljanje vašim financijama. Budžet vam omogućuje kontrolirati troškove i osigurava vašim prihodima nadmašiti vaše rashode. To je temeljni alat koji vam pomaže ostvariti svoje financijske ciljeve. Kada postavljate budžet, važno je biti realan i uključiti određeni iznos za štednju i investiranje.

Dugoročno investiranje treba biti usmjereno na postizanje većih povrata koji mogu nadmašiti inflaciju i povećati vaše financije tijekom vremena. Razumijevanje osnovnih principa investiranja i različitih vrsta investicijskih vozila pomoći će vam donijeti informirane odluke koje podržavaju vaše financijske ciljeve. Važno je pronaći ravnotežu između rizika i povrata koji odgovaraju vašem profilu rizika i financijskim ciljevima.

Redovita revizija vašeg financijskog plana ključna je jer se ste njome sigurni da ste na pravom putu; putu prema ostvarenju vaših financijskih ciljeva. Životne okolnosti se mijenjaju, a s njima i vaši financijski ciljevi i potrebe. Redovitim pregledom i prilagodbom vašeg financijskog plana možete osigurati da vaše financijske strategije i dalje odgovaraju vašim trenutnim i budućim potrebama.

Svoju tržišnu vrijednost možete povećati **investiranjem u sebe** kontinuiranim obrazovanjem i razvojem vještina čime otvarate nove mogućnosti za povećanje prihoda; bilo da je riječ o stjecanju novih certifikata, pohađanju tečajeva ili razvoju poduzetničkih vještina. Ulaganje u osobni razvoj može imati značajan utjecaj na vašu financijsku budućnost.

Održavanje zdravog odnosa prema novcu i razumijevanje vaših financijskih navika i emocionalnih okidača koji utječu na vaše odluke o trošenju, ključni su za postizanje i održavanje financijske neovisnosti. Razvijanje zdravih financijskih navika, kao što su redovito praćenje troškova, izbjegavanje impulzivne kupnje i postavljanje prioriteta za vaše financijske ciljeve, osigurat će vama, pa time i vašim financijama ostati na pravom putu.

Štednja, ulaganja i pasivni prihodi

Kombiniranje štednje, ulaganja i pasivnih prihoda u učinkovit financijski sustav zahtijeva strateški pristup i razumijevanje koncepta da svaki od navedenih elemenata doprinosi vašoj financijskoj stabilnosti i rastu. Prvi korak u ovom procesu je postavljanje čvrstih temelja **štednjom**. Štednja vam pruža financijsku sigurnost i potreban kapital za ulaganje. Postavite automatske transfere na štedni račun kako biste osigurali redovitu štednju.

Nakon što ste uspostavili solidnu štednju, sljedeći korak je **ulaganje**. Ulaganjem je moguće postići brži rast vašeg novca; ne običnom kamatnom štednjom. Diversifikacija je ključna; rasporedite svoja ulaganja u različite vrste imovine kao što su dionice, obveznice, nekretnine i *ETF*-ovi. Navedeno smanjuje rizik i povećava potencijal za povrat.

Pasivni prihodi su treći stup učinkovitog financijskog sustava. Oni vam omogućuju zaraditi novac bez aktivnog rada. Pasivni prihodi su prihodi od iznajmljivanja nekretnina, dividende od dionica ili prihodi od digitalnih proizvoda. Pasivni prihodi mogu pružiti dodatnu sigurnost i slobodu, omogućavajući vam manje rada ili ranije umirovljenje. Ključno je reinvestirati dio pasivnih prihoda kako biste povećali svoj kapital i generirali još veće prihode u budućnosti.

Za uspješno kombiniranje štednje, ulaganja i pasivnih prihoda potrebno je redovito pratiti i prilagođavati svoj financijski plan. To uključuje reviziju vaših ulaganja, prilagodbu štednih ciljeva i optimizaciju izvora pasivnih prihoda. Također, važno je ostati informiran o financijskim tržištima i ekonomskim trendovima koji mogu utjecati na vaš portfelj.

Korištenjem digitalnih alata i aplikacija za upravljanje financijama lako možete pratiti svoj napredak i donositi informirane odluke. Ovi alati mogu pomoći u praćenju rashoda, postavljanju budžeta i u analizi ulaganja, što je ključno za optimizaciju vašeg financijskog sustava.

U konačnici, kombiniranje štednje, ulaganja i pasivnih prihoda zahtijeva disciplinu, strpljenje i kontinuirano učenje. Postavljanjem jasnih financijskih ciljeva, razumijevanjem vaših financijskih mogućnosti i primjenom strategija koje podržavaju vaše ciljeve možete izgraditi učinkovit financijski sustav koji će vam pružiti financijsku sigurnost i omogućiti stvaranje dugoročnog financijskog blagostanja.

Primjeri iz stvarnog života

U svijetu financija, primjeri iz stvarnog života služe kao snažan podsjetnik na to kako pravilna primjena financijskih strategija može transformirati osobne financije. Jedan od takvih primjera je priča o Ivani, koja je uspjela preokrenuti svoju financijsku situaciju discipliniranom štednjom i pametnim ulaganjima. Ivana je započela s mjesečnom štednjom od 200 eura, koju je automatski preusmjeravala na svoj štedni račun. Uz godišnju kamatnu stopu od 3%, njezina je štednja rasla postupno, ali sigurno. Ovo ju je motiviralo da nastavi sa svojim planom štednje.

Osim štednje, Ivana je odlučila izvršiti diversifikaciju svojih ulaganja kupnjom dionica i ulaganjem u uzajamne fondove. Razumijevajući važnost diversifikacije rasporedila je svoja ulaganja u različite sektore i geografske lokacije kako bi smanjila rizik i povećala potencijal za povratom. Ova strategija joj je omogućila postići prosječnu godišnju stopu povrata od 6%, znatno više od kamatne stope na njezinom štednom računu.

Kako bi generirala pasivne prihode, Ivana je također investirala u nekretnine koje je iznajmljivala. Prihodi od najma pružili su joj dodatni tijek novca, koji je reinvestirala kako bi dalje povećavala svoje financije. Ova strategija pasivnih prihoda omogućila joj je postići financijsku neovisnost mnogo ranije negoli je to prvotno planirala.

Tijekom godina Ivana je redovito pratila svoje financije koristeći digitalne alate i aplikacije, što joj je omogućilo ostati na pravom putu; putu prema svojim financijskim ciljevima. Redovita revizija i prilagodba financijskog plana bili su ključni za uspjeh jer su joj omogućili prilagoditi se promjenama na tržištu i u vlastitom životu.

Ivanina priča prikazuje kako kombinacija štednje, pametnih ulaganja i generiranja pasivnih prihoda može dovesti do financijske neovisnosti. Njezin pristup naglašava važnost disciplinirane štednje, razumijevanja osnova ulaganja i korištenja pasivnih prihoda kao sredstava za postizanje financijskih ciljeva. Osim toga, redovito praćenje i prilagodba financijskog plana ključni su za uspjeh jer omogućuju pojedincima maksimizirati svoj financijski potencijal i ostvariti dugoročno financijsko blagostanje.

BONUS #4: Alati za primjenu u praksi

U današnjem digitalnom dobu korištenje **digitalnih alata** koji upravljaju financijama postaje neophodno svima onima koji žele optimizirati svoje financijske procese i postići financijsku neovisnost. Ovi alati omogućuju korisnicima imati detaljan uvid u vlastite financije jer pružaju mogućnost praćenja prihoda i rashoda, kao i analizu investicijskih portfelja. Jedan od ključnih alata koji se preporučuje za osobne financije je **aplikacija za praćenje budžeta**. Ove aplikacije omogućuju korisnicima jednostavan unos dnevnih troškova i prihoda; kategoriziraju ih i prate tijekom vremenskog razdoblja. Navedeno im pomaže u identifikaciji područja u kojima mogu smanjiti troškove i povećati štednju.

Drugi važan alat su **platforme za *online* investiranje**. Ove platforme omogućuju korisnicima istražiti različite investicijske mogućnosti, od dionica i obveznica do *ETF*-ova i uzajamnih fondova. Nude detaljne analize i povijesne podatke o performansama, što korisnicima pomaže u donošenju informiranih odluka o ulaganju. Važno je odabrati platformu koja je prilagođena vašoj razini znanja i investicijskim ciljevima te onu koja nudi niske naknade i pristup širokom spektru investicijskih opcija.

Za one koji žele dublje zaroniti u svijet investiranja, **softver za tehničku analizu** može pružiti napredne alate za analizu tržišnih trendova i predviđanje budućih kretanja cijena. Ovi alati koriste različite grafičke prikaze i matematičke indikatore za analizu tržišnih podataka, što može biti izuzetno korisno za iskusnije investitore.

Korištenje **alata za poreznu optimizaciju** može pomoći u maksimiziranju povrata i minimiziranju poreznog opterećenja. Ovi alati pomažu korisnicima razumjeti kako različite investicijske odluke mogu utjecati na njihovu poreznu situaciju, omogućavajući im donijeti pametnije odluke koje mogu smanjiti poreznu obvezu.

Za one koji su zainteresirani za izgradnju pasivnih prihoda, **platforme za *crowdfunding* nekretnina** nude priliku za ulaganje u nekretnine. Ulog može biti relativno mali. Ove platforme omogućuju korisnicima investirati u portfelje nekretnina, generirajući prihode od najma i kapitalne dobitke bez potrebe za izravnim upravljanjem nekretninama.

Uz pravilnu upotrebu ovih alata, pojedinci mogu znatno poboljšati svoje financijsko stanje i ubrzati put prema financijskoj neovisnosti. Važno je, međutim, ostati informirani i kontinuirano učiti o novim alatima i strategijama koje mogu pomoći u optimizaciji osobnih financija.

Osim digitalnih alata i platformi **financijski kalkulatori** igraju ključnu ulogu u planiranju i analizi osobnih financija. Spomenuti *online* alati omogućuju korisnicima izračunati sve, od složenih kamata do očekivanih povrata na investicije te im pomažu bolje razumjeti potencijalne ishode financijskih odluka. Na primjer, korištenjem formule za složene kamate korisnici mogu precizno izračunati koliko će njihova štednja vrijediti u budućnosti.

Edukativni resursi poput *online* tečajeva, *webinara* i financijskih blogova neophodni su za one koji žele proširiti svoje znanje o financijama i ulaganjima. Mnoge platforme nude besplatne ili povoljne resurse koji pokrivaju široki spektar tema, od osnova osobnih financija do naprednih strategija ulaganja. Redovitim praćenjem ovih resursa, korisnici mogu biti u doticaju s najnovijim trendovima i tehnikama koje mogu primijeniti na svoje financijske planove. Pogledajte naš webinar na:

https://ulaganje.finplan.hr/evergreen

I dogovorite besplatni sastanak sa našim stručnjacima, kliknite:

https://ulaganje.finplan.hr/from-qr

Alati za praćenje kredita i dugova neophodni su za one koji rade na otplati dugova ili na poboljšanju svojeg kreditnog rejtinga. Ovi alati pomažu korisnicima organizirati otplatu dugova jer prate napredak otplate i računaju na koji način dodatne uplate mogu utjecati na ukupne troškove kamata i vrijeme otplate. Mogu pružiti i korisne savjete i strategije za brži izlazak iz duga.

Za naprednije korisnike, **softver za upravljanje portfeljem** nudi detaljnu analizu i praćenje investicijskog portfelja jer omogućuje korisnicima pratiti vlastitiu imovinu i pasivne prihode, analizira performanse i prilagodbu strategije ulaganja. Ovi alati često uključuju funkcije za simulaciju različitih scenarija ulaganja, što korisnicima pomaže pri donošenju informiranih odluka o ulaganju.

Korištenjem **aplikacija za mobilno bankarstvo** korisnici mogu lako upravljati svojim financijama u pokretu. Ove aplikacije omogućuju brze transfere novaca, plaćanje računa, provjeru stanja i pregled transakcija što olakšava održavanje kontrole nad osobnim financijama bez obzira na lokaciju.

U konačnici, kombinacija pravilno odabranih alata i kontinuirano obrazovanje ključni su za uspješno upravljanje osobnim financijama. Ulaganje u istraživanje i korištenje ovih alata vremenom može značajno doprinijeti financijskoj stabilnosti i omogućiti pojedincima ostvariti svoje financijske ciljeve. Važno je pristupiti ovom procesu otvorena uma i sa spremnošću na učenje, prilagođavajući putem strategije i alate prema osobnim potrebama i ciljevima.

30-dnevni plan primjene financijskih ciljeva

Započnite s **postavljanjem jasnih financijskih ciljeva**. Odredite što želite postići u narednih 30 dana. Možda je to stvaranje hitnog fonda, smanjenje troškova ili početak investiranja. Koristite SMART kriterije (specifično, mjerljivo, ostvarivo, relevantno, vremenski ograničeno) za definiranje ciljeva. Na primjer, cilj može biti "Uštedjeti 1000 eura za hitni fond u sljedećih 30 dana".

Praćenje prihoda i rashoda je sljedeći korak. Koristite aplikacije za praćenje budžeta ili jednostavne tablice za zapisivanje svakog prihoda i rashoda. Ovo će vam pomoći identificirati područja u kojima možete smanjiti troškove.

Automatizirajte štednju postavljanjem automatskog transfera s tekućeg računa na štedni račun. Čak i mali iznosi, kao što je 200 eura mjesečno, mogu se brzo zbrojiti, posebno ako koristite račune s povoljnim kamatnim stopama.

Istražite opcije ulaganja koje su vam dostupne. Ako ste novi u ulaganju, razmislite o početku s niskorizičnim opcijama poput obveznica ili o uzajamnim fondovima. Koristite *online* platforme za investiranje koje nude niske naknade i pristup širokom spektru investicijskih opcija.

Pregledajte i prilagodite svoj proračun. Na kraju svakog tjedna pregledajte svoje troškove i prilagodite svoj budžet ako je potrebno. Ovo će vam pomoći ostati na pravom putu; putu prema ostvarenju vaših financijskih ciljeva.

Postavite automatske uplate za račune kako biste izbjegli kašnjenje s plaćanjima i moguće kazne. Ovo također smanjuje brigu o tome hoćete li zaboraviti platiti račun na vrijeme.

Razmislite o dodatnim izvorima prihoda. Ako imate vještine ili hobi koji možete monetizirati, razmislite o pokretanju sporednog posla. Dodatni prihodi mogu vam pomoći brže postići financijske ciljeve.

Izgradite mrežu podrške razgovarajući s prijateljima ili s obitelji koja dijeli vaše financijske ciljeve. Možete razmijeniti savjete, strategije i motivirati jedni druge.

Procijenite svoje dugove i razvijte plan za njihovo smanjenje. Koristite metodu snježne lopte ili lavine, ovisno o tome što vam više odgovara, za efikasno smanjenje dugova.

Zaštita vaših financija je također važna. Pregledajte svoje osiguranje i provjerite imate li adekvatnu zaštitu za svoju imovinu i zdravlje. Razmislite o osiguranju koje može pokriti neočekivane događaje koji bi mogli utjecati na vaše financije.

Pregledajte svoje financijske ciljeve na kraju 30-dnevnog razdoblja i procijenite što ste postigli. Nastavite prilagođavati svoje ciljeve i strategije kako biste nastavili napredovati prema financijskoj neovisnosti.

U ovih je 30 dana ključno ostati disciplinirani i fokusirani na svoje ciljeve. Maleni, ali svakodnevni koraci mogu dovesti do velikih promjena u vašem financijskom stanju.

Za sve gore navedeno naši stručnjaci su na vašem raspolaganju. Kliknite ovdje kao bi dogovorili besplatni sastanak:

https://ulaganje.finplan.hr/from-qr

Radni listovi i alati za financije

Kako biste uspješno implementirali strategije i savjete predstavljene u ovoj knjizi, ključno je koristiti **radne listove i alate** koji će vam pomoći u praćenju vaših financija, postavljanju ciljeva i praćenju ulaganja. Ovi alati su neophodni za detaljno razumijevanje vašeg financijskog stanja i za postizanje financijske neovisnosti.

Radni listovi za praćenje proračuna omogućuju vam zabilježiti sve prihode i rashode. Ovo je temelj za uspostavljanje efikasnog proračuna. Na radnom listu trebate imati kolone za datum, opis, kategoriju, prihod, rashod i saldo. Ovo će vam omogućiti jasan pregled vaših financija na mjesečnoj ili čak tjednoj bazi.

Alati za postavljanje ciljeva pomažu vam definirati kratkoročne, srednjoročne i dugoročne financijske ciljeve. Koristite SMART kriterije za postavljanje ciljeva kako biste osigurali da su vaši ciljevi specifični, mjerljivi, ostvarivi, relevantni i vremenski ograničeni. Na primjer, cilj "uštediti 10.000 eura za akontaciju automobila u sljedećih 12 mjeseci" jasan je i mjerljiv te vam omogućuje pratiti svoj napredak.

Alati za praćenje ulaganja su ključni za one koji žele izvršiti diversifikaciju svoga portfelja i maksimizirati povrat. Za one koji preferiraju digitalne alate, postoji niz aplikacija i softvera koji mogu automatizirati mnoge od ovih procesa. Na primjer, aplikacije za praćenje budžeta mogu sinkronizirati transakcije s vašim bankovnim računima i automatski kategorizirati troškove, dok platforme za *online* investiranje nude detaljne analize i alate za praćenje portfelja. Odabir prave kombinacije alata ovise o vašim osobnim preferencijama, ciljevima i razini angažmana u upravljanju financijama.

Korištenje ovih alata i radnih listova zahtijeva redovitu reviziju i prilagodbu. Možda ćete vremenom uvidjeti da trebate prilagoditi svoje ciljeve ili strategije ulaganja kako se i vaše financijsko stanje bude mijenjalo.

Redovito pregledavanje vlastitih financija pomoću ovih alata omogućit će vam da ostanete na pravom putu te da pravovremeno reagirate na promjene na tržištu ili u vašem osobnom životu.

Ključno je zapamtiti da su disciplina i dosljednost u korištenju ovih alata i radnih listova temelj za uspjeh. Postavljanjem jasnih ciljeva, redovitim praćenjem vaših financija i prilagodbom vaših strategija po potrebi, možete postići financijsku neovisnost i ostvariti svoje financijske snove.

Kliknite ovdje kao bi dogovorili besplatni sastanak: https://ulaganje.finplan.hr/from-qr

BONUS #5: Preporuke za čitanje

Kako bismo vam olakšali put prema financijskoj neovisnosti, pripremili smo popis knjiga koje su oblikovale način na koji razmišljamo o financijama, investiranju i upravljanju osobnim bogatstvom. Ove knjige nude dublje razumijevanje tema koje smo obradili i pružaju dodatne strategije za postizanje vaših financijskih ciljeva. **"Bogati otac, siromašni otac"**, Roberta Kiyosakija, jedna je od knjiga koja mijenja način na koji razmišljate o novcu. Usporedbom financijskih lekcija dvaju očeva Kiyosaki istražuje koncepte poput važnosti stvaranja pasivnih prihoda i kako novac može raditi za vas. **"Inteligentni investitor"**, Benjamina Grahama smatra se Biblijom za ulaganje. Graham, mentor Warrena Buffetta, uvodi koncept "vrijednosnog ulaganja", strategije koja naglašava potrebu za temeljitom analizom, maržom sigurnosti i dugoročnim pristupom. **"7 navika visoko učinkovitih ljudi"**, Stephena Coveya nije izričito financijska knjiga, ali njezine lekcije o osobnom razvoju i postavljanju ciljeva neophodne su za uspjeh u bilo kojem području života, uključujući i financije. Covey naglašava važnost proaktivnosti, vizije i planiranja koje su ključni elementi za upravljanje financijama. **"Milijunaš iz susjedstva"**, Thomasa J. Stanleyja i Williama D. Dankoa temelji se na opsežnom istraživanju i intervjuima s američkim milijunašima koji otkrivaju iznenađujuće jednostavne strategije za akumulaciju bogatstva. Knjiga razbija mitove o bogatima i prikazuje da većina milijunaša živi skromno, ulaže mudro i izbjegava dug. **"Psihologija novca"**, Morgana Housela nudi uvide u psihološke aspekte upravljanja novcem. Housel istražuje kako naše ponašanje i percepcija rizika utječu na financijske odluke. U knjizi se naglašava važnost fleksibilnosti, skromnosti i strpljenja. Svaka od ovih knjiga nudi jedinstvenu perspektivu i strategije koje možete prilagoditi svojim osobnim financijskim ciljevima. Preporuka je da dublje istražite svaku od spomenutih knjiga, kao i druge resurse koji su vam dostupni kako biste proširili svoje znanje i postali vještiji u upravljanju svojim financijama.

"Dnevnik jednog trgovca dionicama", Petera Lynch-a, vodi čitatelje kroz svijet ulaganja s praktičnog stajališta, naglašavajući važnost razumijevanja onoga što kupujete i zašto kupujete. Lynch, poznat po svojoj filozofiji "investiraj u ono što poznaješ", dijeli svoje strategije za odabir pobjedničkih dionica i za izbjegavanje uobičajenih zamki na tržištu. **"Razmišljaj i obogati se",** Napoleona Hilla klasična je knjiga o osobnom razvoju koja istražuje kako pozitivan stav može utjecati na vašu sposobnost generiranja bogatstva. Hill istražuje ideje i strategije koje su pomogle najuspješnijim ljudima postići svoje bogatstvo, naglašavajući važnost ciljeva, upornosti i vjere u vlastiti uspjeh. **"Financijska sloboda"**, Granta Sabatiera je vodič za postizanje rapidne financijske neovisnosti „korak po korak". Sabatier, koji je postao milijunaš u 30-ima, dijeli svoje tajne o tome kako brzo povećati svoje prihode, kako štedjeti veći dio svojih zarada i kako investirati pametno da bi se ubrzao rast bogatstva. **"Priručnik za osobne financije za milenijalce"**, Erin Lowry nudi praktične savjete za mlađu generaciju koja se bori dugom studenata, visokim troškovima života i nesigurnim tržištem rada. Lowry pokriva osnove, od stvaranja proračuna do ulaganja u mirovinu, s ciljem da nauči čitatelje upravljati njihovim financijama na održiv način. **"Bogatstvo nacija"**, Adama Smitha, iako nije priručnik o osobnim financijama, fundamentalno je djelo koje postavlja temelje modernog ekonomskog razmišljanja. Smithova analiza podjele rada, tržišta, i uloge države u ekonomiji pruža dublje razumijevanje ekonomskih principa koji indirektno utječu na osobne financije i investiranje. Ove knjige predstavljaju samo vrh ledenog brijega kada je riječ o literaturi koja može obogatiti vaše financijsko znanje i vještine. Svaka od navedenih nudi jedinstvene uvide i metode koje možete primijeniti kako biste poboljšali svoje financijsko stanje i krenuli putem financijske slobode. Preporučujemo vam da nastavite istraživati i čitati, tražeći uvijek novu perspektivu i nove strategije koje će vam pomoći u ostvarenju vaših financijskih ciljeva. Raznolikost pristupa i strategija ključni su za razumijevanje kompleksnosti financijskog svijeta i pronalaženje onoga što najbolje funkcionira za vas.

www.ingramcontent.com/pod-product-compliance
Lightning Source LLC
LaVergne TN
LVHW050648051026
849532LV00002B/575
* 9 7 8 9 5 3 5 8 3 5 1 6 5 *